SIÉGES MÉMORABLES

DES

FRANÇAIS

DEPUIS

LE XV· SIÈCLE JUSQU'A NOS JOURS

PAR

L. ROBERT ET HONORÉ ARNOUL.

PARIS

LIBRAIRIE MILITAIRE.

J. DUMAINE, Libraire-Éditeur de l'Empereur,

Rue et Passage Dauphine, 30.

1855.

La reproduction même partielle de cet ouvrage est interdite en France et à l'étranger, sans l'autorisation expresse des auteurs.

Meaux. — Imprimerie A. CARRO.

INTRODUCTION.

—

Le canon de Bomarsund, les batailles homériques de l'Alma et d'Inkerman ont réveillé les sympathies nationales pour les jeux sanglants de la guerre. Les souvenirs antiques d'Ascalon et de la Massoure, les souvenirs modernes des Pyramides, de Marengo et d'Austerlitz se sont rajeunis aux reflets des bayonnettes de nos intrépides soldats. Aujourd'hui le siége de Sébastopol tient en suspens tous les cœurs et toutes les imaginations de l'Europe attentive : comme les républiques de la

Grèce, au temps du siége de Troie, les
nations de l'occident ont les yeux fixés sur
l'Aulide.

Un coup-d'œil historique et rétrospectif
sur les siéges mémorables soutenus ou
entrepris par les armées françaises depuis
le *quinzième* jusqu'au *dix-neuvième* siècle,
a semblé susceptible de piquer la curiosité
publique dans les circonstances présentes :
il offrira d'abord un aliment instructif à
cette fièvre d'enthousiasme qui s'est emparée de la France ; il remettra ensuite
en lumière une multitude de faits inconnus
de la génération actuelle et qui cependant
tiennent essentiellement à notre gloire nationale. Enfin les aperçus rapides, fidèles,
pittoresques de ces grands faits d'armes
de chaque époque, inspireront à la jeunesse le louable désir de s'initier plus profondément qu'elle ne le fait d'ordinaire à
cette noble histoire de la France qui est,
à proprement parler, l'histoire de la civi-

lisation et du progrès moral et matériel des peuples.

Le siége d'Orléans par les Anglais, sous Charles VI, ouvrira notre panorama. Orléans la ville savante, la ville parfumée d'éloquence et d'encens, se trouvait au quinzième siècle l'un des derniers remparts du royaume; les Anglais étaient sur le point de s'en emparer. Une bergère, une pauvre fille du peuple, suscitée par le Dieu de Clovis et de Charlemagne, apparut tout à coup sous les murs de la cité resserrée par un étroit blocus, et, semblable à cet ange exterminateur que le Tout-Puissant envoya pour détruire l'armée de Sennacherib, elle renversa tout sur son passage, foudroya de ses regards encore plus que de son épée les ennemis éperdus, et rappela la victoire infidèle sous l'étendard de la France.

Après la guerre étrangère, la guerre civile; après Orléans, Paris. Henri IV exclu du trône de ses ancêtres par des susceptibilités religieuses et par la politique astucieuse de l'étranger, est obligé de conquérir pied à pied l'héritage de ses pères. Après de nombreuses victoires qui ont donné plus de regrets que de joie à son cœur généreux, il vient asseoir son camp devant Paris et commence le siége de cette cité rebelle à sa clémence et à ses droits ; mais bientôt pénétré de douleur à la vue des souffrances de ces Parisiens qu'il nourrit cependant et dont il tâche de regagner l'affection à force de longanimité et de bienfaits, il lève le siége, et ce n'est que deux ans après, qu'il rentre triomphalement dans Paris,

La Rochelle, ce formidable boulevard du calvinisme, jetait un perpétuel defi à la couronne de Louis XIII et à l'indivisibilité du royaume. Richelieu se décide à l'abattre, et des prodiges d'habileté autant que de valeur signalent ce siége mémorable. Assiégeants et assiégés sont dignes les uns des autres, car ils sont hélas! également Français et le même sang coule dans leurs veines...... Le génie du cardinal surmonte tous les obstacles et bientôt la Rochelle domptée et soumise, rend, avec l'échafaud du duc de Montmorency, le repos au royaume, la liberté à la couronne et contribue à l'émancipation du peuple lui-même, par l'extinction de la tyrannie religieuse et de la tyrannie nobiliaire.

Valenciennes, Mons tombent sous les coups de Louis XIV et de Vauban. La première de ces braves cités est devenue française depuis cette époque, et la seconde qui le fut depuis 1793, a cessé de l'être pour obéir aux traités de 1815. Sur les fortifications perfectionnées par le plus grand ingénieur des temps modernes, on voit flotter aujourd'hui le drapeau de la Belgique.

Prague tient une grande place dans les

fastes militaires du dix-huitième siècle ;
c'est là que se révéla le talent et l'intrépidité antique de Chevert auquel il ne manqua, selon la magnifique expression de
Diderot : *que le titre de maréchal de*
France, non pour sa gloire mais pour
l'exemple de ceux qui le prendront pour
modèle. Le siége de Prague a été marqué
par plus d'un genre d'héroisme. Nous
serons assez heureux pour rapporter des
traits peu connus, même des historiens
militaires, et que nous devons à de longues
recherches dans les mémoires particuliers
écrits officiellement ou confidentiellement
sur la campagne célèbre de 1747 et les
suivantes.

La défense de Lille, au commencement
de la révolution française, est l'une des
plus belles pages de notre histoire. Ce fut à
Lille que s'inaugura cette persévérance de
la nation qui devait, quelques années plus
tard, éclater aux yeux de l'Europe étonnée

dans les sables brûlans de la Syrie et dans les steppes glacés de la Russie.

A Toulon, les rôles sont intervertis ; c'est nous qui assiégeons cette place dont les Anglais s'étaient emparés. Ce siége est non-seulement un grand fait militaire, mais un fait politique d'une immense portée. C'est là que se dessine pour la première fois la grande et noble figure de l'écolier de Brienne. Toulon est le point de départ de cette étoile des batailles qui brilla quinze ans sur le monde, et alla mourir comme le soleil au déclin du jour, au milieu des flots de l'Océan.

Saint-Jean-d'Acre fut tout à la fois un revers et une fortune pour Napoléon, général en chef de l'armée d'Orient. A quoi tiennent les destinées ! Si cette place était tombée au pouvoir des Français, au lieu de la couronne de Charlemagne et de Louis XIV, le jeune conquérant de l'Italie eût ceint peut-être le diadème de Mahomet II, de Bajazet et d'Amurat. La prise de Saint-Jean-d'Acre entraînait la soumission de la Syrie, de la Palestine, de l'Arabie et de l'Asie-Mineure ; les bords de l'Oxus, du Tigre et de l'Euphrate, ne résistaient plus à l'invincible élan des armées françaises, et Bonaparte, arbitre désormais des destinées de toutes ces vastes contrées, arrivait à Constantinople et restaurait au front de la basilique de Sainte-Sophie la croix de Jésus-Christ et le labarum de Constantin !

Dantzick est l'une des opérations les plus importantes des guerres de l'empire. Quoique le vieux et brave guerrier qui assista aux péripéties de ce siége, ne fût pas l'auteur des magnifiques ouvrages qui déterminèrent la reddition de la place, on ne peut nier cependant que son habile direction et sa conduite prudente n'y aient beaucoup contribué.

Le siége de Saragosse est l'une des plus sanglantes, des plus admirables et des plus épouvantables actions de l'histoire moderne. Toute une population se levant en masse à la voix de la religion et de la patrie pour résister à des soldats dont les drapeaux étaient criblés de victoires, pour mourir en défendant l'indépendance de leur pays et la foi de leurs pères, quel spectacle sublime et terrible! A l'exemple des compagnons de Pélage, tous avaient fait le sacrifice de leur vie à cette patrie agonisante, dont ils saluaient eux-mêmes l'étendard jadis redouté, en s'écriant comme les soldats de la dixième légion devant le vainqueur des Gaules : *Cesar, te morituri salutant!*

Enfin le siége d'Anvers qui a achevé de faire éclore, à nos portes, le royaume de Belgique, passe sous les yeux du lecteur avec ses épisodes peu connus, ses cabales, ses fêtes nocturnes, ses assauts sanglants, ses nobles et brillants faits d'armes.

Le siége de Sébastopol termine ce spécimen de notre gloire murale et ajoutera une page étincelante de splendeur au livre d'or de notre patrie.

Tous les siéges se ressemblent : qu'on attaque une place avec la baliste, le bélier, le catapulte, comme au moyen-âge, ou que l'on tâte le côté faible de ses remparts avec des pièces de quarante-huit et des mortiers à la Paixhans, c'est à peu près le même but à atteindre et le même moyen pour y parvenir ; mais les assauts qui, dans ces tristes et lugubres drames guerriers, sont le dénoûment obligé, attendu, nécessaire, voilà ce qui diffère et ce qui fait différer les siéges entr'eux.

A la partie militaire, qui n'intéresse que les hommes du métier, nous avons joint la partie morale et anecdotique qui intéresse tout le monde. Les nations portent dans les horreurs de la guerre, en face même du spectacle de la mort et de la destruction, les qualités et les défauts, les mérites et les vices de leur humeur ou de leur génie.

Les Anglais, tout braves qu'ils sont, n'ont jamais ouvert la tranchée, devant une ville assiégée, avec des violons, comme fit le grand Condé à Lerida, et les Russes tout courageux qu'on les estime avec raison, n'iraient pas déposer, dans un mortier, une lettre adressée à leurs ennemis, comme fit à Dantzick, le colonel de Chambure. Cette folie française qui trouve à rire de tout, qui raille sous toutes les latitudes, et qui, dans ses allègres excentricités, affuble Marforio du bonnet rouge en 1797, et qui, en 1798, revêt le sphynx de la grande pyramide de Cécrops d'un fourniment complet de sapeur de la trente-deuxième demi-brigade, qui donne des concerts à Valenciennes, joue la comédie dans les tranchées de Prague, danse des sarabandes sous le feu des Anglais à Toulon, chasse au canard à Dantzick, etc., cette folie française, disons-nous, mérite bien une mention spéciale, car elle est le type distinctif de notre nation, qui pourrait à bon droit inscrire sur ses drapeaux les mots d'*héroïsme* et d'*insouciance* à côté de ceux d'*honneur* et de *patrie,* qu'elle a su faire respecter dans tous les temps et dans tous les pays.

SIÉGE DE MEAUX.

1421-1422.

La fin du règne de Charles VI fut une des époques les plus calamiteuses qu'ait jamais eu à traverser la France. Les factions la déchiraient de toutes parts. Les persécutions et les supplices répandaient partout la terreur. Le Dauphin, tantôt esclave de la faction des Armagnacs, tantôt leur ennemi, n'aspirait qu'à échapper à la tyrannie qui avait ressaisi le pouvoir. Il assiégea Jean-sans-Peur dans Arras, où l'on finit par conclure un traité qui devint inutile comme tous ceux qui l'avaient précédé.

Le roi d'Angleterre Henri V, avait reçu de son père mourant, le conseil de ne pas abandonner les prétentions d'Edouard III. Ce jeune et ambitieux monarque crut le moment opportun de tenter la fortune. En 1418, une armée anglaise débarqua sur les côtes de Normandie, et vint investir Harfleur, dont elle s'empara après un long siége. Fier de ce succès, Henry crut avoir bon marché de tout ce qui le séparait de Calais ; mais vivement poursuivi et harcelé, il fut contraint d'accepter la bataille d'Azincourt, le carnage fut horrible. Triste page à ajouter à l'histoire de nos fautes et de nos malheurs !

Heureusement Henry V n'était pas en état de profiter de ce succès ; il dut retourner en Angleterre. Les Armagnacs plus puissants que jamais, craignant que le duc de Bourgogne ne fît cause commune avec les Anglais, lui firent donner l'ordre de s'éloigner de Paris. Le comte d'Armagnac fut nommé connétable, et abusa de son pouvoir pour tyranniser le peuple et l'accabler d'impôts sous le nom de l'imbécile et frénétique Charles VI. Jean-sans-Peur, lui aussi, dévoré de la soif du pouvoir, se jeta dans les bras de Henri V, et conclut avec lui cet infâme traité par lequel il le reconnaissait pour roi de France, embrassait traitreusement ses intérêts et se mettait en révolte contre les lois de son pays.

Bientôt après le roi d'Angleterre vint investir Rouen, qui se défendit avec un admirable courage et ne se rendit qu'après six mois de résistance. Cette ville fut livrée à Henri V, qui déshonora sa victoire par de basses vengeances. La reine Isabeau, factieuse et débauchée, quoique détestant Jean-sans-

Peur qui avait fait mourir le duc d'Orléans, ne rougit pas de se faire la maîtresse de l'assassin de son ancien amant, pour mieux assurer la vengeance qu'elle méditait contre le Dauphin et contre le comte d'Armagnac. Peu de temps après elle reprit les négociations avec l'Angleterre. Le congrès d'Arras qui fut suivi du traité de Troyes, livra la France à Henri V, auquel Isabeau fit épouser Catherine, fille de Charles VI ; un prince Anglais reçut le titre de régent du royaume de France et d'héritier de la couronne !

Plusieurs villes se soumirent docilement au nouveau joug, mais d'autres protestèrent contre de si odieux arrangements et refusèrent obéissance. Melun, Sens, Montereau, Moret avaient successivement vu crouler leurs remparts après des siéges longs et meurtriers. Meaux, alors une des plus fortes places du royaume, se préparait à repousser à son tour par tous les moyens, les attaques inévitables des Anglais. Meaux par son voisinage de Paris et sa position topographique, devenait d'une immense importance. Ses moulins sur la Marne, et la Marne pour voie de communication, en fesaient une des villes nourricières, indispensable à la capitale. Henri réunit une armée de vingt-quatre mille hommes aux environs de Lagny, vint de sa personne visiter le camp et donner les ordres nécessaires aux préparatifs du siége en septembre 1421.

La ville de Meaux était enceinte de hautes murailles garnies de tours, dont les pieds étaient baignés par les eaux qui refluaient de la Marne. Les fossés étaient larges et profonds, les vivres et les munitions semblaient ne pas devoir manquer, le Dauphin avait promis secours et appui, les habitans et la garnison étaient pleins d'enthousiasme. Tous avaient juré de mourir plutot que de courber la tête sous le joug d'un prince étranger. Henry ne se dissimulait pas les difficultés et les dangers qu'il aurait à surmonter pour réduire des gens aussi décidés et d'une si grande bravoure. Aussi ne négligea-t-il rien pour assurer un triomphe auquel il attachait le plus grand prix. Il envoya une forte avant-garde pour occuper les faubourgs dès la fin de septembre, et le 6 octobre il arriva lui-même devant Meaux avec le reste de son armée, traînant avec elle des bombardes et des engins de toutes sortes.

Les assiégés ne comptaient pas plus d'un millier de gens de guerre, mais, ainsi que nous l'avons dit plus haut, l'enthousiasme et l'indignation étaient à leur comble et chaque citoyen s'était fait soldat, des prêtres, des enfants, des femmes même s'unirent aux combattants pour défendre leurs foyers.

Les premiers efforts de l'armée anglaise dirigés contre la partie la plus faible de la ville ne furent pas heureux. Les assiégés tenaient ferme depuis cinq mois, mais les vivres s'épuisaient, la famine

5

était menaçante et les maladies fesaient des vides dans leurs rangs. Henry profita habilement de la situation et fit donner l'assaut sur dix points à la fois. Les assiégés luttèrent vaillamment, mais écrasés par le nombre, ils se retirèrent en bon ordre sur la place du marché et s'y enfermèrent tous.

L'ennemi passa la rivière et vint poster ses bombardes jusqu'à une portée de trait de l'enceinte de la place. Ces bombardes en fer forgé firent des dégats considérables aux maisons et aux murailles (1). Pierre de Fénin, écuyer et pannetier de Charles VI, qui a laissé des mémoires sur ce temps, dit : « Après que le roi eût gagné icelle ville, comme dit » est, il emporta de suite une île qui est assez » près du Marché où il posa plusieurs de ses gens, » et encore y fit asseoir quantité de grosses bom- » bardes dont les murailles d'iceluy Marché furent » toutes rasées. » — Les assiégés malgré leur position critique refusaient encore de se rendre, et dis-

(1) Les bombardes du roi Henri, restées à Meaux, après le siége, furent transportées en 1465 dans le marché ou elles furent oubliées jusqu'en 1729. A cette époque on en vendit cinq à un forgeron qui les dépéça. Six furent livrées en 1839 au musée d'artillerie de Paris ; on peut encore en voir deux à Meaux, que leurs propriétaires n'ont pas voulu vendre. On trouve de plus amples détails sur ces bombardes dans une excellente notice dûe à la plume de notre savant ami M. A. Carro, et insérée au bulletin de l'Institut historique, livraison de mai 1853.

H. A.

putaient chèrement leur vie aux Anglais, auxquels ils fesaient éprouver de grandes pertes, bien qu'ils n'eussent que quelques *veuglaires*, espèce de petits canons d'un calibre bien inférieur aux bombardes braquées sur eux. Ils attendaient toujours les secours promis par le Dauphin, et ils combattaient toujours soutenus par cet espoir. Mais les secours n'arrivèrent pas. Les moulins ayant été enlevés, ils ne pouvaient plus moudre de grains, ils n'avaient plus d'armes ; et cependant ils soutirent un dernier assaut de huit heures, assaut terrible à la suite duquel ils furent enfin réduits à capituler. Un des parents du roi d'Angleterre, messire Jean de Cornouailles, fut grièvement blessé, et son fils unique « bel écuyer et vaillant selon l'âge » au dire de Juvenal des Ursins, eut la tête emportée par un boulet venu de la ville. Le malheureux père, au désespoir, quitta l'armée en maudissant les injustes prétentions du roi et jurant de ne plus porter les armes que contre les infidèles.

Meaux eut donc l'insigne honneur avec une poignée de braves (1) de retenir pendant sept mois entiers, à ses portes, malgré l'inégalité du nombre,

(1) L'histoire a conservé le nom d'un des chefs des assiégés ; Guichard Sizay, fit des prodiges de valeur, et aussi bon citoyen que loyal guerrier, il refusa, pour rester fidèle à la France, les offres brillantes du roi Henri qui désirait se l'attacher.

malgré l'insuffisance des vivres, d'armes et de munitions, le roi Henri et son armée forte de vingt-
quatre mille hommes, abondamment pourvue de
machines de guerre et acharnée à la prise d'une
place qui fut reprise en quatre semaines aux Anglais — dix-sept ans plus tard — par le connétable
Arthur de Bretagne, comte de Richemond, à la tête
de quatre mille hommes seulement !

LE SIÉGE D'ORLÉANS.

1429.

La France était à deux doigts de sa perte. L'Anglais, favorisé par les cabales et les intrigues d'une reine impudique et dénaturée, occupait les plus belles provinces du royaume, faisant mouvoir, sous la qualification d'allié, tous les ressorts du gouvernement, et trônait dans la capitale au sein d'une population frémissante de honte et de douleur. Le drapeau de l'Angleterre flottait avec le drapeau de la France sur les tours de la Bastille et sur les créneaux glorieusement ébréchés de la grande tour du Louvre; mais malgré cette apparente fraternité de couleurs, les Parisiens ne voyaient dans les plis fallacieux de l'étendard breton, que le souvenir des désastres de Crécy, de Poitiers et d'Azincourt, et les blessures

encore saignantes faites à l'honneur et à la puissance
de la patrie.

Quelques provinces et un petit nombre de villes
étaient restées attachées à la cause nationale, à la
cause légitime, à la cause de Charles VII ; mais dé-
pourvues de direction administrative et militaire, ces
villes, ces provinces n'opposaient qu'une résistance
individuelle et partant périlleuse aux envahissements
successifs de l'Anglais. Au nombre de ces cités
fidèles était Orléans, dont l'importance militaire, au
XVᵉ siècle, était égale à l'importance scientifique :
Orléans, clef de trois provinces, devint donc le point
de mire des Anglais, et le régent Bedfort, de concert
avec l'infâme Isabeau de Bavière, de connivence
avec les traîtres conseillers de la couronne du malheureux monarque Charles VI qui ne régnait que
de nom, décida le siége d'Orléans. Cette ville une
fois soumise, la Beauce, le Perche et la Touraine
devaient immanquablement tomber sous le joug des
Anglais ; et le Berry, province complètement dé-
vouée au vrai roi Charles VII, ne pouvait plus se
soustraire à la tutelle dégradante et aux armes de la
Grande-Bretagne, l'alliée d'Isabeau de Bavière, mais
non l'alliée de la France.

Les Anglais firent les préparatifs et les armemens
nécessaires à ce siége, avec ce luxe et cette prodiga-
lité qu'ils déploient dans toutes les opérations de ce
genre, lorsque leur intérêt ou leur honneur national

1.

est en jeu. Dans ces occurrences, c'est une justice à leur rendre, ils ne reculent devant aucune dépense, devant aucun sacrifice. Un corps de sept mille hommes, sous les ordres de Guillaume de la Pole, comte de Suffort; de Thomas de Scales et dirigé par le brave Jehan Talbot, vint investir Orléans. De gros canons, de monstrueux pierriers, des engins d'une nouvelle forme inventés tout exprès pour la circonstance, par Joseph Scalett, forgeron-armurier de Londres, furent mis en batterie autour de la ville ; on creusa des tranchées profondes, on éleva des bastions qu'on appellait alors des *bastides,* on employa en un mot tout ce que l'art des siéges au XVe siècle, pouvait fournir de moyens héroïques et triomphans, à un assaillant plein de morgue et d'audace.

Loin de se laisser épouvanter et abattre par cet attirail redoutable de machines de guerre et ce notable déploiement de forces, la brave et fidèle garnison d'Orléans se disposa à faire une vigoureuse résistance. Les citoyens ne voulurent pas rester en arrière d'une si noble résolution, et jurèrent de partager avec les soldats les fatigues, les dangers et la gloire. Les vieillards, les femmes, les enfans, les prêtres même s'associèrent à ce patriotique enthousiasme.

Toute la France avait les yeux fixés sur le siége d'Orléans ; le pays tout entier comprenait instinctivement que devant cette cité allait se décider non pas seulement la fortune d'un roi, mais les destinées d'un royaume : l'anxiété était grande et la curiosité aussi vive que l'anxiété.

Une pauvre fille, une simple bergère de la province de Lorraine, inspirée de Dieu, se présente aux chefs de l'armée pour délivrer la France et sauver son roi. Repoussée d'abord avec dédain, elle insiste sur la divinité de sa mission. Sa candeur, son esprit, sa sagesse font taire bientôt les ironiques scrupules des seigneurs qu'elle a choisis pour la conduire auprès du monarque. On n'ose pas plus douter de son courage que de sa volonté inébranlable de rétablir Charles sur le trône. Présentée enfin à ce prince, Jeanne d'Arc est investie du commandement des troupes qui doivent délivrer Orléans.

Avant de marcher de Blois sur Orléans, Jeanne d'Arc avait envoyé un hérault d'armes porter aux généraux qui assiégeaient cette ville, la lettre suivante qu'elle avait dictée au jeune Philippe de Nesles, écuyer du comte de Dunois (1) :

(1) Jeanne d'Arc ne savait ni lire ni écrire et on est profondément surpris d'une telle rectitude d'idées, d'une telle noblesse de langage. Pauvre fille du peuple et martyre de la patrie, Jeanne d'Arc est l'honneur et la gloire de la France En ne la considérant qu'au point de vue humain et avec le déplorable scepticisme qui nous ronge le cœur, on reste confondu de la grandeur de ses actions et de l'héroïsme de son âme. Un poète, M. d'Avrigny auteur de la tragédie de *Jeanne d'Arc,* a heureusement exprimé le sentiment qui doit survivre à toutes les doctrines et à toutes les opinions :
« Qui sauve son pays est inspiré des cieux. »

JHESUS MARIA.

« Roi d'Angleterre et vous duc de Bedfort, qui
» vous dites régent du royaume de France ; vous
» Guillaume de la Pole, comte de Suffort ; Jehan,
» sire de Talbot, et vous, Thomas, sire de Scales,
» qui vous dites lieutenant dudit duc de Bedfort,
» faites raison au Roi du ciel : rendez à la Pucelle
» qui est ci envoyée de par Dieu, le Roi du ciel, les
» clefs de toutes les bonnes villes que vous avez
» prises et violées en France, elle est toute prête de
» faire paix, si vous lui voulez rendre raison, par
» ainsi que France mettrez sus et paierez ce que vous
» l'avez tenu. Et entre vous, Archers, Compagnons
» de guerre, Gentils et autres qui êtes devant la ville
» d'Orléans, allez vous-en en votre pays, de par
» Dieu, et si ainsi ne le faites, attendez les nou-
» velles de la Pucelle qui vous ira voir à vos bien
» grands dommages. Roi d'Angleterre, si ainsi ne
» le faites, je suis chef de guerre, et, en quelque
» lieu que j'atteindrai vos gens, en France, je les en
» ferai aller, veuillent ou non veuillent. Et si ne
» veulent obéir, je les ferais tous occire : je suis
» envoyée de par Dieu, le Roi du ciel, pour vous
» bouter hors de toute la France. Et si veulent
» obéir, je les prendrai à merci. Et n'ayez point en
» votre opinion que vous tiendrez ce royaume de
» Dieu, le Roi du ciel, fils de sainte Marie. Car le

» tiendra le roi Charles, vrai héritier, lequel entrera
» à Paris en bonne compagnie. Si vous ne voulez
» croire les nouvelles de par Dieu et la Pucelle,
» en quelque lieu que nous vous trouverons, nous
» ferirons dedans et y ferons si grand hahay que
» encore a il mille ans qu'en France ne fut si grand.
» Et croyez fermement que le Roi du ciel enverra
» plus de force à la Pucelle que vous ne lui sauriez
» mener à tous assauts à elle et à ses bonnes gens
» d'armes, et aux horions verra-t-on qui aura
» meilleur droit du Roi du ciel ou de vous. Vous,
» duc de Bedfort, la Pucelle vous prie et vous re-
» quiert que vous ne vous fassiez mie détruire. Si
» vous lui faites raison, encore pourrez-vous venir
» en sa compagnie, là où les Franchois feront le plus
» beau fait que oncques fut fait pour la chrétienté.
» Et faites réponse si vous voulez faire paix, en la
» cité d'Orléans. Et ainsi ne le faites, de vos grands
» dommages vous souvienne brièvement. Écrit ce
» samedy de la semaine sainte. »

26 mars 1429.

Au dos de la missive était écrit : *Entendez les
nouvelles de Dieu et de la Pucelle.*

Un langage si naïf, une assurance de la protection
divine si sincère, feraient aujourd'hui sourire de
pitié sans doute les esprits forts ; mais hélas ! l'ex-

périence a prouvé que la philosophie ne sauvait pas les nations et il faut bénir l'héroïne, qui aux dépens de son humble félicité domestique, aux dépens de sa vie a arraché la France aux ongles envahisseurs du Léopard britannique.

Jeanne d'Arc entra sans coup férir dans la ville assigée avec un corps de troupes respectable. A la vue de la Pucelle, les Orléanais firent éclater leurs sentiments d'allégresse, d'espoir et de reconnaissance. Jeanne était à leurs yeux un ange envoyé par le Dieu de la France, pour sauver la couronne et la liberté.

A peine entrée dans la ville, Jeanne voulait attaquer les *Bastides,* forts que les assiégeans avaient multipliés autour des remparts ; mais les capitaines principaux lui firent observer que les troupes de renfort n'étaient pas toutes arrivées et qu'il serait plus prudent d'attendre. Jeanne consentit à ce délai et profita de son inaction forcée pour reconnaître les positions des Anglais. Un jour qu'un des jeunes officiers de sa suite s'émerveillait des ouvrages avancés que les ennemis avaient élevés à quelques toises seulement des remparts d'Orléans et formulait son étonnement et son admiration par ces mots :

— Voilà certes une position imprenable... Jeanne se retourna de son côté, le regarda froidement et répondit avec un accent plein de fierté :

— Qui tient ce langage ? Serait-ce vous , mon

jeune gentilhomme ? Apprenez de moi que ce mot *imprenable* ne doit pas être français.

Tous les capitaines admirèrent cette répartie de Jeanne, et applaudirent respectueusement à la noble parole de la bergère de Vaucouleurs.

Le 4 mai, les renforts attendus entrèrent sans encombre dans la ville ; les Anglais semblaient en proie à la torpeur et n'y mirent aucun obstacle ; mais trop confians dans cette incurie des Anglais qui est l'effet de leur tempérament lymphatique plus que de leur découragement, quelques citoyens d'Orléans et un corps de volontaires de la Beauce et du Perche, sortent sans ordre et vont attaquer le fort Saint-Loup. Forcés de se retirer par la vigoureuse résistance de l'ennemi, ils rentrent précipitamment dans la ville. Jeanne en ce moment s'était jetée sur son lit pour prendre quelques instants de repos : au bruit de cette retraite, aux clameurs des troupes effrayées par un échec inévitable, Jeanne se réveille en sursaut, demande ses armes, son cheval, et vole sur le champ de bataille jonché des cadavres de ses soldats ; à cet aspect elle place sa main sur ses yeux comme pour cacher ses larmes :

— « Jamais je n'ai vu, dit-elle au comte de Gisors qui chevauchait à sa droite, de sang français que les cheveux ne me dressassent sur la tête. »

Ce moment d'émotion passé, Jeanne fait charger les Anglais par ses cavaliers, les poursuit jusqu'à la bastide qui est enlevée à la pointe de la pique et au tranchant du glaive, puis immédiatement brûlée et démolie après une résistance désespérée de la part des Anglais. L'attaque de Jeanne avait été si audacieuse, si vive et si inopinée, que les garnisons des autres forts terrifiées par l'ardeur et la soudaineté de ce mouvement, assistèrent dans la plus complète immobilité à la défaite de leurs troupes et à la prise de l'un des postes les plus importans de leurs lignes obsidionales.

Soit pour éviter un nouvel échec, soit pour concentrer leurs forces dans des ouvrages d'une défense plus facile, les Anglais évacuèrent et détruisirent deux jours après — le 6 mai — le fort de Saint-Jean-le-Blanc ; le fort des Augustins qu'ils avaient la prétention de conserver, mais dont le feu incommodait la ville, fut escaladé par les Français le même jour.

De si heureux succès enflammèrent le cœur des soldats de Charles VII, et portèrent le découragement dans le camp des Anglais. Ceux-ci abandonnèrent encore le fort de Saint-Privat et portèrent toutes leurs forces dans la bastide des Tournelles où ils accumulèrent les pots à feu, les engins les plus rapidement meurtriers, les *copes* de résine et de poix (1), les quartiers de roches et les pierres. A

(1) On appelait *copes* en ce temps là des boules sphériques faites avec des étoupes, des chiffons, de la laine, qui avaient

1*.

proprement parler, les assiégeans étaient assiégés à leur tour par les soldats et les habitans de la ville.

Le poste des Tournelles était la clef des ouvrages dirigés contre la place d'Orléans. C'était le boulevard presqu'inexpugnable des Anglais. Jeanne d'Arc comprit avec une merveilleuse sagacité, l'importance stratégique de ce point, et profitant de l'élan des troupes et de l'ardent enthousiasme des capitaines, elle résolut de donner l'assaut à cette bastide qui était par sa structure et par les retranchements auxquels elle se trouvait liée, une véritable forteresse.

Jeanne conduisit donc ses troupes à l'attaque des Tournelles. Sa présence à la tête des colonnes commandées pour l'assaut, excita l'ardeur et le courage des défenseurs d'Orléans. Officiers, soldats, citoyens, tous jusqu'au moindre tambour, en contemplant cette noble fille qui ne portait pour toute arme que son étendard fleurdelysé, auraient eu honte de braver la mort avec moins de décision et d'intrépidité que cette villageoise que Dieu semblait conduire par la main, à la restauration de la patrie, et à laquelle il paraissait avoir appris le secret de la

___

été trempées dans des matières inflammables telles que l'huile, l'eau-de-vie, la résine etc. etc. On jetait ces objets sur les échelles pour les incendier tandis que des soldats essayaient de briser ces échelles avec de grosses pierres, des morceaux de fer et de plomb. Enfin d'autres soldats placés au premier rang sur les remparts et armés de haches, coupaient la tête et les mains des premiers assaillans.

victoire. Avant de donner le signal de l'assaut à ses troupes frémissantes d'impatience, Jeanne parcourut les rangs des diverses bandes, exhorta chacun à bien faire son devoir et termina ainsi sa harangue :

— « Mes amis, souvenez-vous que nous nous » battons pour la liberté de notre pays, pour la » justice et pour les droits sacrés de notre roi. » Souvenez-vous aussi que Dieu nous assistera, car » la cause que nous servons est la sienne. — Mes » amis, ajouta-t-elle en brandissant son étendard, » vous êtes Français et voici en face des Anglais. » Marchons!... Sus à l'Anglais!!! »

A peine eut-elle prononcé ces mots accueillis par des cris de joie, qu'elle agita en l'air son drapeau, les tambours et les trompettes donnèrent le signal de l'assaut ; les Français s'élancèrent et fondirent avec impétuosité sur les Anglais qui sortaient en foule des poternes de deux gros ouvrages flanquant le fort principal, pour opérer une diversion ; mais cette double défense de flanc ne ralentit pas le choc impétueux des Français, qui se ruèrent avec un indicible acharnement sur leurs ennemis. On dressa des échelles, on répondit au feu incessant des Anglais, par un feu non moins redoutable, et ce fut à qui graviroit le premier les degrés chancelans de cent vingt échelles dressées contre les murailles de la forteresse qui ruisselaient de sang, d'huile bouillante et couvertes de matières enflammées, d'étoupes ardentes. Jeanne

s'était élancée tout d'abord sur l'échelle la plus voi-
sine avec son étendard, mais blessée gravement à
l'épaule par la flèche d'un archer anglais qui allait
encore lui porter un coup de hache, quand le jeune
comte de Chatenay tua le soldat ennemi d'un coup
de masse, on emporta l'héroïne, et l'assaut continua
avec vigueur. Lorsqu'elle fut pansée, on voulut en
vain la retenir :

— Que diraient nos gens s'ils ne me voyaient
pas revenir, répondit-elle? ils croiraient que je suis
occise. Laissez-moi donc, amis, retourner auprès
d'eux, il faut qu'ils sachent que je suis avec eux.

Et faisant en quelque sorte violence aux chirur-
giens et aux capitaines qui l'entouraient, elle courut
se jeter au plus fort de la mêlée ennemie. A sa vue
les soldats français furent saisis d'une nouvelle ardeur et leurs efforts furent couronnés de succès. Le
fort des Tournelles fut enfin emporté d'assaut et
Jeanne sanglante et épuisée de fatigues, de souffrance, fit flotter sa bannière victorieuse sur les
créneaux de la forteresse abandonnée par l'ennemi.

Le lendemain les habitans d'Orléans virent avec
une allégresse sans égale, du haut de leurs remparts,
l'armée anglaise sortir de ses lignes et de ses retranchements, se former en deux longues colonnes et se
mettre en pleine retraite. Les troupes et les jeunes
capitaines français voulurent faire une sortie, et se
mettre aux trousses des Anglais pour transformer

la retraite en déroute, mais Jeanne s'y opposa :

— Dieu veut qu'ils s'en aillent *benoîtement* (bon-nement), gardez-vous de troubler leur départ. Il faut que les ordres de Dieu s'accomplissent!

Au point de vue militaire, Jeanne appréciait très juste et très-bien.

Les Anglais qui n'ont pour l'aggression qu'un courage machinal et flegmatique, possèdent pour la retraite un sang-froid, un calme, une valeur iné-branlables.

L'armée française laissa donc partir tranquille-ment les colonnes anglaises, néanmoins quelques partis de cavalerie commandés par de jeunes et impatiens officiers, se mirent à leur poursuite et enlevèrent leur artillerie, leurs bagages et leurs malades.

La ville d'Orléans pénétrée de reconnaissance pour les services que Jeanne venait de rendre à la cité et à la France, n'attribua sa délivrance qu'à Dieu et à l'héroïne que la providence avait suscitée comme une nouvelle Judith pour sauver le peuple français. Mais la Judith chrétienne était autant au-dessus de la Judith israëlite, qu'Orléans était au-dessus de Béthulie.

Le triomphe de Jeanne ne coûta rien, ni à sa chasteté ni à sa pudeur, et Orléans ne dut pas à un assassinat la délivrance de ses remparts et la liberté de ses citoyens.

Le jour même de la retraite des Anglais, les habitans d'Orléans instituèrent une procession en honneur de ce mémorable évènement. Elle ne fut interrompue qu'en 1792 et 1793, c'est-à-dire pendant les deux plus terribles années de la révolution française.

Lors de cette première procession en 1429, malgré les cruelles souffrances qu'elle ressentait de ses blessures, Jeanne d'Arc voulut assister à la pieuse cérémonie. Le peuple d'Orléans et les soldats contemplaient avec une indicible émotion cette valeureuse bergère qui venait de ramener, par le seul prestige de sa voix et de sa mission, l'espérance dans tous les cœurs et la victoire sous les drapeaux de la patrie.

L'affranchissement d'Orléans du joug menaçant d'un roi d'Angleterre devint le signal du réveil de la France. La bataille de Patay gagnée le 18 juin suivant — 18 juin! quelle date! et pourquoi faut-il que cette date glorieuse ait été, près de *quatre cents* ans après, surchargée par celle de Waterloo — fut la consécration des destinées nouvelles de la patrie et le prologue en quelque sorte du sacre de Charles VII à Reims.

LE SIÉGE DE PARIS.

1590.

Les victoires remportées par Henri IV sur l'Espagne et sur la Ligue, avaient naturellement amené ce prince à entreprendre le siége de la capitale. Paris centre de la révolte, résidence des *Seize* et de leurs plus fougueux adhérens; Paris théâtre habituel des intrigues de l'Espagne, de Rome, des princes lorrains et des ennemis secondaires de la France, était pour ainsi dire le nœud gordien de la politique de l'époque; Paris subjugué, le nœud était tranché et aussi heureux qu'Alexandre-le-Grand, Henri IV par le fait même de son triomphe sur les Parisiens, forçait comme le héros macédonien, les interprêtes de la divinité jusques-là animés par un esprit d'opposition et d'hostilité, à rendre des oracles en sa faveur et à bénir ses drapeaux et ses armes.

Mais que d'obstacles! que de difficultés! que de
périls s'offraient avant de pouvoir atteindre ce but!
Le fanatisme dans toute sa sombre vigueur dirigeait les conseils de ce peuple qui avait fait un
martyr de l'assassin d'un roi et qui vouait à
l'exécration et au poignard d'un autre Jacques Clément, l'héritier légitime de la couronne et le petit-
fils de Robert-le-Fort et de Saint-Louis. Des aventuriers de tous les pays de l'Europe, c'est-à-dire, de
ces hommes qui ne possédant rien, n'ayant par
conséquent rien à perdre et tout à gagner dans les
discordes civiles, remplissaient la capitale de leur
belliqueuse arrogance et de leurs bravades insensées.
Les esprits, les volontés, les opinions, tout était ren-
versé, et Dieu pour châtier la France, semblait avoir
permis au sein de cette cité jadis paisible et florissante, l'existence d'une nouvelle tour de Babel.

Les difficultés n'arrêtèrent point Henri IV. Son
grand cœur voulait terminer le plus promptement
possible une guerre civile qui ruinait le royaume et
qui comblait les étrangers de joie et d'espérance. Fort
de son droit, confiant en son épée et dans la valeur
de ses soldats aussi bien que dans la magnanimité
de son âme, Henri résolut de consacrer ses victoires
par la prise de la capitale, et forcer les Parisiens à
l'aimer comme il avait déjà forcé ses plus cruels et
ses plus acharnés ennemis à l'aimer et à l'honorer.

Le duc de Mayenne était alors absent de Paris; il
y avait laissé pour commander en son absence le duc

de Nemours, son frère. Ce dernier était un politique assez faible, mais un général très habile, très courageux à la fois et très prudent ; il avait sous ses ordres huit mille hommes de troupes aguerries, tant espagnoles que lorraines et françaises et avait acquis sur l'esprit de ses soldats, de race et de langage si divers, un empire que sa bravoure personnelle, son équité, son impartiale discipline n'avait fait qu'augmenter. A ces huit mille hommes, il faut joindre quelques milliers d'aventuriers, gentilshommes par le nom et par les armes, mais peu estimables d'ailleurs. A cette double force militaire, il convient d'ajouter encore trente ou quarante compagnies de bourgeois, commandées par les Ligueurs les plus emportés, et composées de gens de sac et de corde ou fanatisés au point de faire le coup de feu avec autant d'impassibilité et de bravoure que des soldats de profession. Ces compagnies étaient à bien prendre, *la Garde républicaine des Seize ;* un orfèvre appellé Crocé, qui était boiteux, dirigeait souverainement cette bande de chenapans.

Henri IV n'avait que vingt mille hommes tout au plus ; il ne balança pas cependant à opérer l'investissement de cette circonférence énorme qui rendait dès-lors la vieille Lutèce l'une des plus considérables cités de l'univers (1). Il commença par

(1) Il est à remarquer que le Paris du seizième siècle n'était guère moins étendu à cause de ses faubourgs que le Paris de notre temps. Tout ce quartier nouveau entr'autres

préparer l'attaque des faubourgs et il divisa son armée en dix corps correspondant aux dix quartiers de la ville, en ayant soin de fortifier spécialement les points par lesquels entraient les arrivages quotidiens des subsistances.

Chaque poste était revêtu à son front de tranchées larges et profondes, et des espèces de redoutes élevées à la hauteur des remparts de la ville étaient garnies d'une artillerie nombreuse, bien servie et parfaitement en mesure de répondre aux bouches à feu des Parisiens.

Ces préparatifs terminés, Henri IV installa son quartier-général à l'abbaye de Montmartre — car en 1590 comme en 1814 et en 1815, le mamelon de Montmartre a toujours été regardé comme une position favorable — et ce fut de là qu'il donna le signal de l'attaque.

Cette attaque fut des plus vives et des plus meurtrieres ; les canonniers des deux partis pointaient leurs pièces avec une intrépidité qui n'avait point encore eu d'exemple jusqu'à ce temps-là, et on voyait des deux côtés les maîtres de l'artillerie (les officiers) monter à découvert sur les épaulemens des batteries, pour mieux observer les ravages et la justesse du

qui s'étend sous Montmartre, et qu'on appelle le quartier Saint-Georges et Notre-Dame de Lorette faisait partie des faubourgs. C'étaient des marais, des terrains incultes et des landes chargées d'immondices.

tir. Paris cependant était sous l'influence d'une profonde émotion ; laissons parler un des principaux
acteurs de ce grand évènement, son style pittoresque
est tout à fait à la hauteur de la scène qu'il décrit :

— « Il n'y a personne, dit le duc de Sully, qui
» n'eût jugé que cette ville immense allait périr par le
» feu ou par une infinité de mines allumées dans ses
» entrailles, il n'y a jamais eu peut-être de spectacle
» plus capable d'inspirer de l'horreur. D'épais tour-
» billons de fumée, au travers desquels perçaient par
» intervalles des étincelles ou de longues traînées de
» flamme couvraient toute la surface de cette espèce
» de monde qui, par la vicissitude des ombres et de
» la lumière, paraissait plongé dans de noires ténèbres
» ou enseveli dans une mer de feu. Le fracas de
» l'artillerie, le bruit des armes, les cris des com-
» battans ajoutaient à cet objet, tout ce que l'on
» peut imaginer d'effrayant et l'horreur naturelle de
» la nuit le redoublait encore. Cette scène dura deux
» heures entières et finit par la réduction des fau-
» bourgs, même de celui de Saint-Antoine, bien que
» par sa grande étendue on eût été obligé d'en for-
» mer l'attaque de très loin. »

Le roi avait eu la précaution de se rendre maître
du cours de la Seine en aval et en amont, et de
réduire toutes les villes environnantes d'où la capitale tirait ses subsistances ordinaires. C'était donc
moins la violence des attaques des assiégeans que la

famine, la hideuse famine que les Parisiens devaient craindre. La population s'élevait à près de trois cent mille âmes, bien qu'il fût sorti de Paris plus de vingt mille familles riches, et le duc de Nemours avec une sagacité merveilleuse, avait ménagé les ressources qu'il possédait ; mais au bout de deux mois de siége, ces ressources étaient épuisées et, à la fin du troisième mois, la majeure partie des habitans se trouvaient réduits aux plus cruelles extrémités.

Les opérations militaires d'Henri IV contre Paris se bornaient donc à une espèce de blocus très rigoureux. Toutefois les divers postes de l'armée royale avaient chaque jour des engagemens plus ou moins meurtriers avec les troupes légères et la cavalerie des assiégés. Le chevalier d'Aumale, l'un des plus braves champions de la Ligue, se distinguait sur tous les autres dans ces escarmouches où la valeur, l'adresse, la force individuelle déterminaient l'avantage. Les chevaliers huguenots de leur côté n'étaient pas moins intrépides, ne se montraient pas moins audacieux que les gentilshommes catholiques, et il résultait de ces sorties journalières, de ces duels de chaque heure, des faits d'armes et des dévoûmens héroïques dignes d'être célébrés par Homère et qui ne l'ont malheureusement été que par Voltaire dans son poëme diffus et bâtard de *La Henriade*. Le sang français coulait ainsi en détail sur d'obscurs champs de bataille, dans des rencontres fratricides sans aucun profit pour la patrie et sans avantage réel pour l'un ou l'autre parti. Les étrangers témoins de ces lentes et déplorables destructions, applaudissaient de tout leur cœur, car lorsqu'un gentilhomme, catholique ou protestant tombait, et de quelque côté que se fixât la victoire, ils étaient sûrs, que la France devait porter le deuil de l'un de ses plus nobles, de l'un de ses plus courageux enfans.

Il est hors de doute qu'en brusquant les attaques et en tirant tout le parti possible des excellentes troupes qu'il commandait, et qui étaient supérieures aux troupes de la Ligue, Henri IV aurait emporté d'assaut les faubourgs de Paris, et de là dans la ville il n'y avait qu'une résistance de peu de durée à briser. Les généraux protestants de son conseil poussaient le roi à cette extrémité, mais Henri IV avait pénétré leurs secrètes arrière-pensées : ces chefs qui pour la plupart avaient perdu des parens ou des amis dans le massacre de la Saint-Barthélemy, voulaient profiter des événemens de guerre pour commettre d'horribles représailles ; Paris enlevé d'assaut en 1590 par une armée protestante aurait vu les trois quarts de ses citoyens égorgés, et ses plus curieux, ses plus vénérables monumens religieux, tomber sous la hache iconoclaste des sectateurs de Calvin. D'autres

membres du Conseil du roi, entr'autres Biron et
Sully ne voulaient point entendre parler de prendre
Paris de vive force.

— Que le roi rentre à Paris en vertu d'une capitulation librement discutée, rien de mieux, disait
Biron, mais par la brèche ? C'est le fait d'un conquérant qui entre dans un bien qui ne lui appartient
pas et non d'un roi légitime qui rentre dans la maison de ses pères.

Les hommes de finance du conseil arguaient d'un
autre raisonnement ; ils comprenaient que la prise
de la capitale à la suite d'un assaut entraînerait un
pillage imminent, et des dévastations générales et
privées, qu'il était d'une sage politique et d'une
stricte raison d'état d'éviter à tout prix. Le roi, malgré son humeur martiale et son indomptable valeur,
partagea l'avis de ces derniers et le soutint dans le
conseil :

— « J'aime mieux renoncer, quant à présent, à
» me rendre maître de Paris, s'écria-t-il, que d'en-
» trer dans la capitale de mon royaume sur des mon-
» ceaux de cadavres. Je ne suis point un tyran qui
» contemple d'un œil sec les calamités de ses sujets,
» je suis un bon père méconnu qui tâche de rap-
» peler à lui ses enfants rebelles, moins par la
« crainte du châtiment que par l'espoir de la clé-
» mence et de l'oubli des injures. »

Paris continua donc à n'être serré sur les différens

2*.

points de son enceinte, que mollement et sans système arrêté d'attaque. Les Parisiens attribuaient cette léthargique offensive à la faiblesse de Henri IV, et les chefs des révoltés chantaient victoire ; les ingrats ne voyaient pas qu'en enchaînant le cimeterre dans le fourreau de ses soldats, le roi épargnait non-seulement leur vie, à eux, mais encore la vie d'une infinité d'autres citoyens qui auraient infailliblement péri dans une attaque de vive force, sans compter les monuments des arts qui auraient subi le même sort que les hommes.

Quoi qu'il en soit, le blocus était maintenu avec une sévérité et une vigilance extrême, et la capitale qui, au seizième siècle, jouissait de toutes les choses utiles à la vie, se trouvait alors réduite aux abois. Le duc de Nemours malgré son admirable économie et sa prévoyance, loin de pouvoir nourrir le peuple, avait bien de la peine à se procurer des vivres pour son armée que la faim décimait ; mais citoyens et soldats souffraient sans trop se plaindre, et se consolaient dans l'espérance de prochains secours qu'on leur faisait entrevoir pour soutenir leur courage.

— « On ne saurait, dit un historien (1), lire sans » étonnement quelle fut l'aveugle obéissance et la » constante union de cette fière et indocile populace, » pendant quatre mois entiers de pertes et de mi-

(1 Hardouin de Péréfixe auteur de la *Vie d'Henri IV*.

» sères horribles. La famine fut si grande que le
» peuple mangea jusqu'aux herbes qui croissaient
» dans les fossés, jusqu'aux chiens, aux chats et aux
» cuirs. Quelques-uns même disent que les Lans-
» quenets mangeaient les enfants qu'ils pouvaient
» attraper.

A part cette exagération d'enfans mangés et
d'herbes fauchées, il reste attesté par des témoignages dignes de foi, que les classes les plus infimes
de la population de Paris furent réduites à des extrémités telles que la plume se refuse à les tracer. Un
Italien — cette idée ne vint pas à un Français ! —
proposa de fabriquer du pain avec la farine des os
de morts. Cette abominable profanation fut accueillie
par les amis du peuple (1) avec empressement, et
on fit en effet du pain avec de vieux ossements
extraits en partie du charnier de l'église des Saints-
Innocens de la rue Saint-Denis ; mais ce détestable
aliment causa la mort d'un grand nombre de personnes et on l'abandonna.

Des troupes nombreuses de femmes, d'enfans et
de vieillards se présentaient tous les jours aux portes
de l'armée royale, pour demander de la nourriture

---

(2) Cela nous rappelle la motion faite en 1793 par un
conventionnel. Ce grand législateur demandait que les peaux
des vieilles femmes décédées dans les hôpitaux servissent à
faire des peaux de tambour pour les armées de la république.
Qu'elle aberration et quel dévergondage !..

ou pour implorer la grâce de sortir de la ville ; les capitaines les faisaient repousser, mais Henri IV, malgré l'avis de son conseil, voulut qu'on leur donnât des vivres et qu'on laissât passer les subsistances.

— « Je ne m'étonne pas, s'écria ce grand et bon » prince, si les chefs de la Ligue et si les Espagnols » ont si peu compassion de ces pauvres gens-là, ils » n'en sont que les tyrans ; mais pour moi qui suis » leur père et leur roi, je ne puis pas entendre le » récit de ces calamités, sans en être touché jusqu'au » fond de l'âme et sans désirer ardemment d'y porter » remède. Je ne puis pas empêcher que ceux que » la fureur de la Ligue possède ne périssent avec » elle, mais quant à ceux qui implorent ma clé- » mence, que peuvent-ils du crime des autres? Je » veux leur tendre les bras. »

Ainsi — fait unique dans l'histoire des nations — ce fut une armée assiégeante qui nourrit une ville assiégée. Pour l'honneur de la France, ce sublime exemple a été donné par des Français et pour la gloire du diadème, c'est de la couronne portée par Charlemagne, par Philippe-Auguste et par Saint-Louis, qu'est descendu ce rayon consolateur sur les ruines et les malheurs de la guerre.

Cédant enfin aux sollicitations de Mayenne et plus encore aux ordres du roi d'Espagne, son maître, le duc de Parme se décida enfin à venir faire lever le

siége de Paris. Dans ces conjonctures pour éviter à
son armée et surtout à sa capitale les suites d'une
bataille dont le succès eût été douteux, Henri IV se
résolut à la retraite après quatre mois de siége ; mais
le but de son entreprise n'avait point été manqué.
Le Béarnais avait conquis plus qu'une ville : par sa
bonté il avait conquis le cœur de ses sujets égarés,
et dès ce moment la France fut à lui de droit et
de fait.

LE SIÉGE DE LA ROCHELLE.

1627.

Tous les gouvernements *forts,* qu'ils résument leur
essence par les noms de Louis XI, de Louis XIV,
de Convention nationale ou de Napoléon, ont eu
pour objet de fonder l'unité du pouvoir, l'indivisibilité de l'état ou du territoire, la concentration
permanente des relations publiques, la condensa-
tion des intérêts généraux et particuliers, et l'union
des volontés, des esprits et des fortunes. Pour
atteindre ce but toujours utile et toujours nécessaire,
on a fait couler des flots de sang : Louis XI n'a pas
hésité à livrer à la hache du bourreau les têtes les
plus illustres de la noblesse française ; Louis XIV
se priva des bras de trois cent mille sujets et traqua
jusques dans les âpres rochers des Cévennes, de

pauvres paysans plus crédules que fanatiques ; la
Convention nationale !... la Convention enchéris-
sant sur les rois, établit la guillotine en permanence
dans toutes les villes de la France, et fulmina des
décrets draconiens pour briser la résistance que
Louis XI, Richelieu et Louis XIV n'avaient fait
qu'ébranler. Des générations entières ont été dé-
vorées sur les champs de bataille, où le sort des
couronnes et des libertés des nations était l'enjeu
terrible. Toutes ces hécatombes humaines, toutes
ces violences, tous ces crimes, si l'on veut, n'avaient
qu'un seul motif, l'unité du pouvoir, et comme corollaire, l'indivisibilité de la France et la centralisa-
tion de l'autorité administrative, militaire, judiciaire,
financière et cléricale. Ce problème, malgré les sanglantes épreuves auxquelles on l'a soumis depuis
quatre siècles, n'est pas mûr encore pour sa solution
définitive, et les sociétés modernes déchirées par
l'hydre révolutionnaire, minées par le scepticisme
en matière de politique et de religion, ne paraissent
pas devoir être appelées à se prononcer sur ce
système gouvernemental qui touche de bien près, il
faut en convenir, au despotisme et à la tyrannie,
mais qui sainement appliqué par des princes ver-
tueux et des ministres intègres, doit être destiné à
sauver la civilisation du monde, les lois, la pro-
priété, la famille, la morale et la religion elle-
même.

Henri IV devait aux huguenots qui l'avaient servi avec tant de zèle et de fidélité, aux huguenots qui l'avaient aidé à conquérir son royaume une reconnaissance que rien, pas même la raison d'état, ne pouvait amoindrir. Aussi il ratifia non-seulement les traités que son prédécesseur Henri III avait faits avec eux, mais encore il augmenta les priviléges, les garanties, et les libertés des religionnaires. Les places fortes qu'il donna à commander à plusieurs de leurs notabilités militaires, l'*Édit de Nantes* qu'il publia en leur faveur, les ambassades dans les pays protestans qu'il confia aux plus habiles d'entr'eux prouvent que l'excellent monarque, malgré son titre de roi et de roi très puissant, n'avait point oublié les amis du pauvre prince de Béarn, et ne répudiait pas les artisans de son élévation en se débarrassant du fardeau de la reconnaissance. Henri IV au point de vue de ses affections, de sa magnanimité naturelle, de son intérêt privé, fit, en agissant ainsi, l'œuvre d'un galant homme, d'un homme plein de sentiment généreux, mais sous le rapport politique, il commit une grande faute : il renversa pour ainsi dire tout le système gouvernemental de la France et faillit renouveller par ses imprudentes concessions, ces querelles interminables, ces guerres civiles qui, du dixième au quatorzième siècle, déchirèrent le sein de notre pays, quand les rois ses devanciers donnaient à chacun de leurs enfans mâles une province en apanage. La querelle si longue et si désastreuse des Armagnacs et des Bourguignons, qui livra l'entrée de la France aux Anglais, n'eut pas d'autre source que cette déplorable manie des souverains de dépécer le royaume pour en distribuer des lambeaux à leurs fils. Ici ce n'était plus des rois qui faisaient part, à des princes de leur sang, des plus beaux fleurons de la couronne ; c'était un conquérant, un monarque admiré autant par sa valeur que par sa clémence qui transigeait avec la révolte, et qui abandonnait à de fiers et insolens sujets, réclamant bien haut le prix de leurs services, les arsenaux, les ports, les citadelles et les places fortes les plus importantes de la France. Louis XIII, jeune encore, comprit admirablement l'erreur dans laquelle était tombé son glorieux et malheureux père. Un jour des chefs protestans vinrent se plaindre à lui de la suppression de quelques priviléges, et prétendaient qui ni Henri III, ni Henri IV n'auraient souffert qu'on leur enlevât ces franchises et ces suretés qui faisaient leur force :

— « C'est que Henri III vous craignait et que » mon père vous aimait, repartit le jeune roi en » jetant sur ces factieux un regard de mépris ; » quant à moi je ne vous crains, ni ne vous aime. »

La ville de la Rochelle, pendant la minorité de Louis XIII, était devenu le quartier général des dissidens et le repaire le plus redoutable du parti

huguenot. L'autorité royale y était méconnue ou mé-
prisée, et, fiers de ses remparts réputés imprenables,
glorieux d'être en quelque sorte les arbitres de la
sécurité du royaume, les citoyens de cette ville presque tous attachés à la doctrine calviniste et faisant
profession de la religion protestante, bravaient im-
punément les ordres du roi et du parlement, les lois
et jusqu'aux convenances respectueuses que des
sujets doivent au souverain même lorsqu'ils n'ont
pour lui ni affection ni dévoûment. Le cardinal de
Richelieu voulut signaler son arrivée à la première
place du ministère par un coup d'éclat, de nature à
renverser tout d'abord les espérances d'un parti qui
aspirait ouvertement à la République, et qui prétendait avilir la puissance royale pour s'en affranchir
avec plus de facilité quand le moment serait venu.
L'arrogance des huguenots de la Rochelle, leurs richesses, les forces maritimes et militaires dont ils
disposaient, leurs traités secrets avec les puissances
étrangères ennemies de la France, tout semblait
faire au cardinal-ministre un étroit devoir de saper
par la base ce boulevard de l'insurrection et de la
licence, et de dégager tout à la fois la couronne et
l'État des insolentes étreintes d'une faction qui, pour
grandir et s'élever, ne rougissait pas de se liguer
avec les ennemis les plus déclarés du nom français
et de la maison régnante.

En 1627, Louis XIII à la tête d'une armée de

vingt mille hommes, apparut sous les murs de la Rochelle. Le cardinal de Richelieu qui était l'âme de cette grande entreprise commandait les troupes, sous le nom du roi. Après les premières sommations d'usage, les travaux du siége commencèrent immédiatement. La Rochelle était bien fortifiée ; la nature et l'art se réunissaient pour en faire une place de premier ordre ; elle était bien pourvue d'artillerie, presque imprenable du côté de la mer et défendue par ses citoyens, qui, au fanatisme sombre de la religion de Calvin, joignaient l'intrépidité bretonne et française ; les bourgeois de la Rochelle avaient alors pour maire un citoyen nommé Guiton qui, doué d'une énergie peu commune, savait en outre rassembler dans sa personne la prévoyance d'un administrateur, la bravoure d'un soldat et l'inébranlable fermeté d'un magistrat. Sa harangue à ses concitoyens explique en quelques mots son indomptable valeur et son caractère antique :

— « Je serai maire, leur dit-il en saisissant un
» poignard, je serai maire puisque vous le voulez
» absolument ; mais c'est à condition qu'il me sera
» permis d'enfoncer ce poignard dans le sein du
» premier qui parlera de se rendre. Je consens qu'on
» en use de même envers moi dès que je proposerai
» de capituler ; et je demande que ce poignard
» demeure tout exprès sur la table de cette chambre
» où nous nous assemblons dans l'intérêt de la ville. »

Cette franchise toute spartiate fut saluée par mille clameurs sympathiques, et Guiton devint dès ce jour l'arbitre suprême des destinées de la Rochelle et de ses habitans.

C'était contre une telle ville, c'était contre de tels hommes que le grand cardinal de Richelieu allait faire l'essai de ses talents militaires ; mais les âmes de la trempe de Richelieu ne sont dépaysées ni dans les conseils ni dans les camps. Le premier ministre prouvera bientôt que le prélat qui régentait la Sorbonne, que l'habile diplomate qui méditait l'abaissement de la maison d'Autriche, et qui avait déjà mis la main à la ruine de l'Espagne, ne serait pas frappé d'impuissance devant les difficultés inouies que le siége de la Rochelle allait présenter aux hommes, même les plus compétens dans le métier de la guerre et dans la science épineuse de l'attaque des places fortes.

Les travaux du siége furent inaugurés par les troupes royales avec une grande ardeur ; mais l'indomptable énergie des assiégés neutralisait en quelque sorte les actions de vigueur et les rudes approches des assiégeants. Il ne pouvait guères en être autrement : outre le fanastisme et la valeur martiale qui enflammaient le cœur des Rochellais, un autre motif soutenait encore leur opiniâtreté. Si la ville en effet était fermée du côté de la terre à tous les secours qui pouvaient venir du dehors, en revanche du côté de la mer, la voie était ouverte aux ravitaillemens de tout genre. Les vivres, les munitions, les renforts de toute nature abondaient par cette route que. la marine du roi ne pouvait que faiblement surveiller. Les assiégiés recevaient donc presqu'à *la barbe de l'armée royale*, suivant une expression du maire Guiton, tous les secours désirables pour éterniser la défense et faire traîner le siége en longueur. Louis XIII fatigué de ces obstacles, découragé par les pertes d'hommes et d'argent qu'il éprouvait, parla de lever le siége. Que faire? qu'entreprendre en effet pour empêcher l'arrivage des vaisseaux espagnols et des vaisseaux anglais qui venaient, les premiers par politique, les seconds par haine de la France et par similitude de croyance religieuse, apporter aux habitans de la ville rebelle, les moyens de prolonger la révolte et d'infliger à leur roi la honte de lever un siége, que leur audacieuse insolence avait rendu nécessaire pour l'honneur du trône et la sécurité de l'État?

Le cardinal de Richelieu employa toute son éloquence et toute sa raison pour dissuader le roi d'une telle action, qui ferait rejaillir sur sa couronne une de ces hontes persistantes, qu'on ne lave plus tard qu'avec des flots de sang. Louis XIII se rendait avec peine à la logique vigoureuse de son ministre, et il retombait dans son anxiété et dans ses incertitudes. Il ne se lassait point de préconiser l'utilité de la retraite, et le cardinal de son côté ne cessait pas de prêcher la nécessité de la persévé-rance, en promettant à ce prix le triomphe à son maître aussi brave que son père, mais moins stable que lui dans ses déterminations.

Dans cette occurence critique, le cardinal de Richelieu adopta un de ces projets gigantesques qui décèlent l'âme d'un grand ministre ou d'un grand général. La mer favorisait la résistance des Rochel-lais, il fallait dompter la mer, et, par ce merveilleux châtiment plus noble et plus difficile que les coups de fouets infligés à l'Océan par un roi de Perse (1), renverser l'espérance des Rochellais et briser leur orgueil, leur résistance et leurs projets criminels. Les mêmes chaînes qui étreindraient la mer, de-vaient s'étendre jusques sur des citoyens rebelles.

On avait formé une ligne de circonvallation de trois lieues ; on protégea cette ceinture de treize forts flanqués de redoutes et garnis d'artillerie ; on avait vainement essayé de fermer le port à l'aide de pieux et de chaînes formidables. Tous ces moyens étaient restés infructueux. Richelieu dit :

— « *Une digue et la Rochelle est à nous!...*»

Tout le monde se récria à ce mot de *digue* ; c'était pour les uns une impossibilité, pour les autres une fable digne des contes arabes...

(1) Xerxès.

— « *Et elle se fera* ! ajouta le cardinal. »

Effectivement elle se fit.

Metezeau, architecte de Louis XIII, et Jean Tériot, maître maçon de Paris, entreprirent ce gigantesque ouvrage (1). On les traita de fous, et le
cardinal... oh! le cardinal, on se tût, mais on n'en
pensa pas moins sur son compte.

Il s'agissait de fermer un canal de sept cent quarante toises de largeur dans un endroit où la mer
se précipite avec violence. Il fallait enfoncer dans
l'eau, depuis la pointe de Coreilles jusqu'au Fort-
Louis, de longues poutres de douze en douze pieds.
Des madriers d'égale force les liaient en travers. On
jeta dans les intervalles de ces cases semblables aux
cases d'un échiquier, de grosses pierres sèches auxquelles le limon et la vase servaient de ciment. Cette
digue fut élevée à une si grande hauteur, que dans
les plus fortes marées les soldats y marchaient à pied
sec. A l'épreuve du canon, on dressa un fort à cha-

---

(1) Clément Metezeau était né à Dreux et n'est plus guère
connu aujourd'hui, malgré son génie, ses ouvrages et l'immense service rendu à sa patrie par la prise de la Rochelle.
La poésie latine a seule célébré son mérite par le distique
suivant :

> *Dicitur Archimedes terram potuisse movere ;*
> *Æquora qui potuit sistere, non minor est.*

Jean Tériot maître maçon de Paris, qui partagea sa gloire
fut surnommé depuis le capitaine Tériot. Les prix Monthyon
et la Croix-d'Honneur n'étaient pas inventés au dix-septième
siècle.

cune de ses extrémités et on laissa une ouverture
suffisante dans le milieu, pour donner passage aux
marées, mais on interdit l'accès de cette ouverture
aux navires ennemis, en faisant couler à fond dans
cette passe quarante vaisseaux remplis de pierres
maçonnées et en enfonçant sept cents gros pieux
dans la mer.

Ce grand et merveilleux ouvrage, dit un historien, qui demanda près de six mois de fatigues, de
veilles et de dévoûment de toute espèce, était défendu par plusieurs batteries dressées sur la terre-
ferme et par deux cents vaisseaux de toute grandeur,
bien armés, qui bordaient le rivage.

Les Anglais tentèrent inutilement d'affronter les
foudres de ces remparts flottans; ils furent, de même
que les Espagnols, contraints d'abandonner le ravitaillement de la Rochelle, et de laisser au glorieux
cardinal le soin de raffermir le bandeau royal sur le
front de son maître.

Après un an de blocus, les Rochellais privés des
ressources promises par les éternels ennemis de leur
patrie, réduits à ne manger que des herbes et des
coquillages, se virent obligés de recourir à la
clémence du roi; il demandèrent à capituler, et
Louis XIII, conseillé par Richelieu, plus touché de
leurs misères qu'irrité d'une si longue et si opiniâtre
défense, leur accorda des conditions honorables,
sans pourtant les affranchir des humiliations que

méritait leur rébellion envers le roi et envers la France. Les troupes royales prirent possession de la Rochelle le 30 octobre 1628, et Louis XIII y fit son entrée le 1er novembre, jour de la Toussaint.

Ainsi fut anéanti le dernier boulevard du calvinisme en France, avec les dernières espérances du gouvernement républicain au dix-septième siècle.

Les fortifications de la Rochelle furent démolies, les fossés comblés, les habitans désarmés et soumis aux impôts de la taille et de la gabelle dont Henri IV les avait déchargés, l'échevinage et la communauté de ville abolis à perpétuité. Louis XIV rendit plus tard à cette cité les priviléges qui n'étaient pas incompatibles avec le droit commun des bonnes villes du royaume.

Le siége de la Rochelle coûta douze mille hommes aux habitans, trois ou quatre millions au roi d'Espagne et le double à l'Angleterre ; la France y perdit peu d'hommes, mais il enleva quarante millions aux coffres de l'État.

Il y avait près de deux cents ans que la Rochelle ne reconnaissait presque de souverain que ses magistrats municipaux. C'était une Florence au petit pied où il ne manquait que les Médicis.

Le cardinal de Richelieu disait depuis en riant, qu'il pris avait la Rochelle, malgré trois rois, mal-gré le roi d'Espagne, malgré le roi d'Angleterre et surtout malgré le roi de France.

3*.

LE SIÉGE DE MONS.

1691.

La coalition dirigée contre la France, qu'on nomme dans l'histoire la *Ligue d'Augsbourg,* et qui avait été péniblement ourdie par les intrigues du prince d'Orange, avait eu pour résultat d'ameuter contre Louis XIV toutes les puissances de second et de troisième ordre de l'Europe, telles que la Savoie, la Bavière, etc. Deux ans après, le roi de France déclara la guerre aux Hollandais, et l'Allemagne presque tout entière, l'Espagne et l'Angleterre, prenant fait et cause pour la Hollande, se réunirent contre le monarque Français : cette nouvelle coalition était le corollaire obligé de la *Ligue d'Augsbourg* et la préface de ces guerres iniques, interminables, que Guillaume de Nassau et ses successeurs au trône d'Angleterre firent à la France, sous le prétexte de mettre un frein à l'ambition de cette puissance, qui, selon Guillaume et sa doctrine, ne cessait de viser à la domination universelle.

En 1691, la guerre était partout. La France avait la moitié de l'Europe sur les bras et l'autre moitié attendait la défaite du lion pour revendiquer une part de ses glorieuses dépouilles. Louis XIV, dont l'âme toute française ne désespérait jamais des destinées de la patrie, ordonna au maréchal de Luxembourg d'investir Mons avec une armée de quatre-vingt mille hommes et promit d'assister en personne à ce siége.

En effet, les préparatifs étaient à peine terminés, que Louis XIV, suivi d'une cour brillante et nombreuse, vint partager les dangers de ses soldats et fit dresser sa tente au milieu même du camp, le 21 mars 1691, sept jours après que l'armée du maréchal de Luxembourg se fut montrée sous les murs de Mons.

Le camp français était à lui seul une ville, mais moins originale que celle qu'on venait assiéger. Le marquis de Louvois, grand ministre et habile courtisan, avait pris des mesures si justes, que l'abondance, les fêtes et les plaisirs régnèrent en face des redoutables remparts de la capitale du Hainaut, absolument comme dans les bosquets enchanteurs de Versailles. L'armée était bien vêtue, bien nourrie, bien baraquée, et la cour de France toute radieuse de grâces, de vaillance et de beauté se livrait, au bruit du canon, aux salves des mortiers, aux cliquetis des armes, au fracas des charriots et à l'explosion des mines, à tous ces suaves et charmans délassemens du cœur et de l'esprit qui en faisaient, pour la délicatesse des intincts et pour l'exquise urbanité des manières, la première et la plus agréable cour de l'univers.

Louis XIV n'avait pas seulement des courtisans à sa suite; il avait aussi des historiens, des orateurs, des moralistes et des poètes. Racine, le doux et grand Racine, accompagnait le roi au siége de Mons, et il n'est pas permis d'ignorer que les plus belles scènes d'*Athalie*, représentées la même année par les Demoiselles de Saint-Cyr, furent récitées à Louis XIV par Racine lui-même, au bruit du canon des assiégés et des fanfares belliqueuses des assiégeants.

Les travaux du siége et les fêtes marchaient de pair; on se battait le jour, et à la nuit le camp royal s'animait de toutes les allégresses et de tous les plaisirs de la paix. C'étaient des spectacles, des assemblées, des réceptions, des galas, des médianoches qui se distinguaient par la succulence des tables, par les enivrantes symphonies des concerts. Les soldats de leur côté avaient aussi une large part dans ce bien-être général, et les cantines bien fournies, les équipemens de chaque régiment bien au complet

ne laissaient pas à la fatigue le temps de se plaindre,
à l'esprit frondeur des chefs le prétexte de formuler
des demandes. Le soldat était d'ailleurs heureux et
fier de voir le roi partager ses périls et, plein de
cette gaîté martiale qui caractérise le militaire français, il se sentait tout aise d'avoir pour témoin de
son zèle et de son dévoûment, celui qu'il regardait
comme la patrie incarnée.

Car malgré cet esprit de dénigrement que les
idées révolutionnaires font planer depuis soixante
ans sur la mémoire de Louis XIV, ce prince était
fort brave ; ce n'est point la flatterie, mais la vérité
qui a inspiré Boileau, dans ce vers de sa description
du *Passage du Rhin*, où il dit que le monarque :

« Se plaint de sa grandeur qui l'attache au rivage. »

Les détracteurs de Louis XIV ont indignement tra-
vesti ce vers — comme si le devoir d'un souverain
était de s'exposer à la fusillade, ainsi que le ferait
un simple colonel de troupes légères. — Louis XIV
se piquait de bien connaître la guerre de siége et il
la comprenait effectivement fort bien. Il visitait fré-
quemment les tranchées, qui furent ouvertes dans la
nuit du 23 au 24 mars, se promenait chaque matin
dans les lignes, en s'arrêtant de préférence aux postes
les plus exposés. Dans une de ces excursions, trois
officiers de sa suite furent blessés et le cheval d'un
de ses aides-de-camp fut tué raide à quatre pas du

sien. C'est là, ce nous semble, de l'intrépidité et l'indice d'un courage réfléchi.

Toutes ces dispositions de carnage et de plaisir avaient été prises par le marquis de Louvois, avec une précision mathématique. Rien ne manquait aux batteries d'attaque, rien non plus ne manquait aux plaisirs de la cour (1). La politesse, le bon goût, la splendeur de cette noble cour de France, s'alliaient merveilleusement à la brillante valeur des officiers et à l'audacieuse bravoure de nos régimens.

Les batteries françaises foudroyaient les principaux ouvrages de la place, et les généraux qui commandaient sous les ordres du roi, jugèrent le moment favorable pour attaquer l'ouvrage à cornes; deux bataillons furent chargés de cette opération et s'y portèrent avec ardeur, mais les assiégés s'y défendirent avec plus d'ardeur encore. Les Français

(1) Malgré les âcres épigrammes du duc de Saint-Simon et de quelques autres rédacteurs de *Mémoires* de cette époque, Louvois fut un homme d'état de premier ordre. Le ministre qui fonda cette discipline à laquelle les armées doivent encore aujourd'hui leur force et leur gloire, le serviteur dévoué qui s'opposa tant qu'il put au mariage de son royal maître avec la veuve Scarron et qui en désespoir de cause arracha des mains de Louis XIV la promesse de ne point faire reconnaître officiellement cette déplorable union, celui enfin qui inspira au roi la pensée de l'Hôtel des Invalides que toutes les puissances de l'Europe n'ont fait qu'imiter imparfaitement, cet homme, ce ministre n'était point un génie vulgaire et s'il a commis des fautes, on peut les lui pardonner en faveur des grandes choses qu'il a accomplies, du prestige inouï qu'il a donné à nos armes et des nombreuses victoires dont il a doté les fastes militaires de la France.

furent repoussés avec perte et cet échec qui au fond
n'était qu'une bagatelle, refroidit singulièrement leur
courage. Bizarre faiblesse du caractère national ! Les
mêmes hommes qui affrontent une mort certaine pour
déterminer une victoire, qui risquent leur vie pour
arracher un trophée impossible, se démoralisent au
moindre choc d'une adverse fortune , s'intimident
devant un ennemi qu'ils méprisaient naguères et,
poussés par on ne sait quelle fatalité, deviennent des
nains grotesques, d'héroïques géans qu'ils étaient.
Les autres nations ne comptent certainement pas de
soldats aussi complètement valeureux que les nôtres;
mais leurs troupes moins enthousiastes, moins sous
l'empire d'une imagination exaltée , remplissent
mieux les conditions que Montecuculli, dans ses
Mémoires, met au-dessus de toutes les qualités
guerrières : *un courage toujours égal, une obéissance toujours aveugle , un dévoûment toujours
prompt.*

— « Les soldats de l'Allemagne et la plupart de
» ceux de l'Europe sont supérieurs aux Français,
» disait le grand Frédéric de Prusse, pour faire et
» bien faire une campagne, mais les Français sont
» les premiers soldats du monde pour une journée
» de bataille, et si j'étais roi de France, il ne se
» tirerait pas un coup de canon en Europe *sans ma*
» *permission.* »

Cette torpeur avait passé des soldats aux officiers;

les travaux du siége ne marchaient qu'avec lenteur,
les attaques étaient molles. La place redoublait de
vigueur dans sa défense et semblait, par ses trois
cents bouches de bronze, vomir l'injure et l'ironie
à la face des drapeaux de la France. Louis XIV qui,
selon la juste et noble expression d'un historien,
*portait dans son noble cœur toutes les susceptibilités
de la France,* s'écria en voyant passer un matin le
régiment des gardes qui n'avait pas été plus chan-
ceux que les autres corps de l'armée :

— « J'enverrai des troupes qui ne reculeront pas
» et qui sauront vaincre les obstacles. »

En effet, dès le lendemain les deux compagnies de
mousquetaires — gris et noirs — appuyés par douze
compagnies de grenadiers choisis dans tous les régiments de l'armée, attaquèrent le fameux ouvrage à
corne et s'en rendirent maîtres après un combat
opiniâtre et malgré la résistance héroïque des assiégés qui, recevant continuellement des renforts du
centre de la place, déployèrent une valeur égale à
celle des assaillans. Ce fut dans ce mémorable combat
qui avait pour témoins les troupes des deux armées,
qu'on vit les mousquetaires du roi se battre corps à
corps avec l'ennemi, escalader sans échelle, le sabre
dans les dents et le pistolet au poing, des murailles
hautes de quarante pieds, sous le feu plongeant et la
mitraille de la place ; et ces mêmes mousquetaires
rivaliser ensuite — canonniers improvisés — avec

les grenadiers, pour tourner les pièces qu'on venait de prendre et combattre héroïquement contre des forces multiples en se servant des corps de leurs camarades tués, en guise de gabions, de retranche-mens ou de fascines, selon l'occurence.

Tant d'héroïsme fut récompensé par le succès ; l'ouvrage resta aux mains des Français et Louis XIV heureux de cette nouvelle prouesse de ses mousque-taires, dit après l'action en se retournant vers les officiers-généraux qui l'accompagnaient :

— «Ne vous avais-je pas bien dit, Messieurs, que de » bonnes troupes devaient se rendre maîtresses de » l'ouvrage? Une autre fois choisissez mieux vos » gens ! »

La bouillante attaque des mousquetaires et la prise des premières fortifications qui devait faciliter un assaut général, dont l'issue ne pouvait être dou-teuse, hâtèrent la reddition de la place ; le 10 avril, les assiégés battirent la retraite, et Louis XIV, tou-jours généreux dans la victoire, leur accorda une capitulation honorable, et jouit de la glorieuse satis-faction de voir défiler devant lui plus de trois mille braves défenseurs de la ville, soumise par ses soins et par sa royale vigilance.

Après avoir consolé les vaincus, après avoir ré-compensé ses troupes, principalement ses mousque-taires et ses grenadiers ; Louis XIV quitta l'armée du maréchal de Luxembourg et revint à Versailles couronner, par de nouveaux encouragemens décernés aux sciences, aux lettres et aux arts, cette campagne de quelques mois et ce siége de quelques jours. Louis XIV aimait à vaincre comme César, mais il aimait à triompher comme Auguste. Les Muses étaient les compagnes de Mars et la France était ainsi supérieure à la Rome impériale et à l'Athènes des Archontes (1).

(1) Un des officiers des Mousquetaires gris qui avait encouru la disgrâce de Louis XIV, fit au siége de Mons, des prodiges de valeur. Le roi le trouva au nombre de ceux qui devaient recevoir des récompenses et comme Louis XIV savait toujours accompagner ses munificences de paroles aimables :

— Monsieur, lui dit-il, vous étiez mécontent de moi et je n'étais pas content de vous, mais tout est oublié désormais, l'un et l'autre nous *datons de Mons.* Quelle manière fine et délicate de rendre ses bonnes grâces !

SIÉGE DE PRAGUE.

1741.

Prague, capitale du royaume de Bohême, est une de ces villes dont chaque rempart rappelle une lutte, dont chaque monument est une redoute. Dans un espace de moins de cinq cents ans, Prague a vu au pied de ses murailles se décider le sort de plusieurs puissances. La capitale de la Bohême n'est pas seulement célèbre par les souvenirs de gloire qu'elle exhale, par la splendeur de ses édifices, par la magnificence de son royal palais et de son hôtel-de-ville, par la majesté de son aspect, elle l'est encore par l'illustration six fois séculaire de son université, par la culture des arts et des sciences, surtout par l'humeur belliqueuse de ses bourgeois qui manient avec une égale adresse les intrumens de la paix et les

terribles outils de la guerre. Le bourgeois de Prague
est né soldat, le son de la trompette, le roulement
des tambours, l'odeur de la poudre, le fracas des
charriots d'artillerie *le font frémir de plaisir,* dit le
poète allemand Schulbach ; les enfans au berceau
jouent avec des armes, les vieillards se passionnent
au récit des siéges soutenus jadis par leur cité, et
les femmes elles-mêmes n'hésitent pas à abandonner
dans l'occasion les doux soins du ménage et les utiles
délassemens de la quenouille et du fuseau, pour
suivre leurs maris sur les remparts et préparer,
auprès d'eux, le nitre et le salpêtre qui doivent faire
rugir les cent gueules de bronze et d'airain grima-
çant sur leurs affûts déjà noircis par le temps.

Charles VII, fils de Maximilien-Emmanuel, électeur de Bavière, avait épousé en 1722 la fille de
l'empereur, et succéda à son père en 1726. Après
la mort de l'Empereur Charles VI, il ne voulut point
reconnaître Marie-Thérèse, fille aînée de ce souverain, pour héritière universelle de la maison d'Autriche, ni la pragmatique sanction faite en faveur de
cette princesse. Ce fut pour soutenir cette politique
et ces prétentions, qu'il se ligua avec les Français
et qu'il donna naissance à cette guerre qui, commencée sous de favorables auspices, finit par prendre
des proportions désastreuses pour l'Europe et où la
France acquit plus de gloire que de profit.

La reine de Hongrie venait de faire augmenter

les fortifications de Prague, et restaurer les parties de ces fortifications qui menaçaient ruine, en 1741, lorsque les Bavarois, les Saxons et les Français pénétrèrent en Bohême et arrivèrent devant Prague vers la fin de novembre.

Le froid commençait à se faire sentir, et sous cette âpre latitude, on ressentait déjà toutes les rigueurs de la saison des neiges et des glaces.

Les exigences politiques autant que les nécessités militaires du moment, engagèrent le général en chef de l'armée combinée à se rendre maître de la capitale de la Bohême par un hardi coup de main. Maurice, duc de Courlande, plus connu sous le nom de comte de Saxe, était le chef de cette armée. Ce grand général, Français par le cœur et par le talent, possédait toutes les qualités nécessaires pour imaginer, mûrir et conduire à bonne fin ces rapides aventures de guerre qui semblent tenir du prodige et qui révèlent dans ceux qui les conçoivent et dans ceux qui les exécutent, le génie guerrier à sa plus haute et à sa plus sublime expression.

Les momens étaient précieux et il n'y avait pas un jour, pas une heure à perdre. Le général Ogliwi, gouverneur de Prague, était à la tête de deux mille hommes d'excellentes troupes ; six mille bourgeois initiés à toutes les ruses des camps et rompus aux exercices militaires, rivalisaient avec la garnison de zèle, de vigilance, de courage et de dévoûment.

Une artillerie nombreuse et bien servie couronnait les remparts et les forts, et de grosses patrouilles parcouraient incessamment les murailles pour éclairer les moindres mouvemens qui pouvaient se produire au loin dans la campagne. Pour comble d'embarras, le grand duc Ferdinand se disposait à faire entrer le lendemain dans la place un renfort de quatorze mille hommes. Les troupes légères de l'armée du grand duc étaient à moins de trois lieues de la ville, et on pouvait entendre dans le silence de la nuit le pas des hommes et des chevaux qui faisaient craquer la glace et pelotonner les avalanches de neige répandues sur les chemins.

Un général médiocre aurait reculé devant les éventualités menaçantes qui se dressaient autour de lui ; le comte de Saxe sent son ardeur s'accroître à la vue de ces difficultés ; il convoque un conseil de guerre pour les forcer et résume ainsi son opinion :

» Messieurs, il faut prendre Prague dès ce soir.
» Bien des objections peuvent s'élever contre ce
» projet que plusieurs d'entre vous qualifient de
» téméraire, mais je n'ai qu'une réponse à leur
» faire : *Il faut prendre Prague.* »

Et comme le général bavarois homme fort brave et fort habile, mais très prudent, essayait de remontrer ce qu'il y avait d'insolite et de dangereux à tenter ce coup de main qui devait — si l'on échouait — occasionner des pertes regrettables :

— « Monsieur, lui dit Maurice de Saxe, libre à
» vous de ne point combattre, mais je vous déclare
» que dussé-je être réduit à attaquer seul, j'atta-
» querai seul avec mes Français, et Prague sera
» enlevée... cette nuit même. »

Cette mâle et stoïque confiance fit taire toutes les
objections, dissipa toutes les irrésolutions. Bavarois,
Saxons et Français ne pensèrent plus qu'à se battre
et à réaliser par leur vaillance et leur implacable
audace la glorieuse prophétie de leur général.

Maurice forma trois colonnes d'attaque.

La première sous ses ordres et sous ceux de
M. de Gassion, lieutenant-général, et toute composée
de troupes françaises, devait attaquer en deçà de la
rivière (la Muldaw) (1).

La seconde colonne formée de troupes bavaroises
est commandée par l'Électeur en personne. Cette
colonne a pour mission d'attaquer la porte de Caris-
thor, où veille constamment un corps de mille
hommes d'élite des assiégés.

La troisième colonne formée de Français et de
Saxons, sous les ordres de l'intrépide Chevert est
chargée de la principale attaque. C'est d'elle seule

(1) Prague est divisée en ville vieille, en ville neuve et en
petite ville. Les deux premières sont jointes par un pont sur la
Muldaw. La ville vieille est située comme toutes les cités fon-
dées au moyen-âge sur une montagne. La nouvelle et la
petite sont assises dans la plaine. Prague est à cinquante-quatre
lieues de Vienne.

que va dépendre le succès de l'expédition. Aussi le comte de Saxe en confiant la conduite de cette attaque à Chevert, dont il connaît l'intrépide valeur, lui dit :

— « Monsieur de Chevert, vous avez les clefs de » Prague dans le fourreau de votre épée. »

— « Mon général, répond Chevert, elles ne vont » pas y rester longtemps. »

Le comte de Saxe et l'électeur de Saxe, étaient donc les conducteurs des deux fausses attaques : Chevert était chargé de la véritable. C'était sur lui que tout reposait, c'était de ses talents, de son courage que devait dépendre la victoire qu'on se promettait.

Avant de tracer en quelques lignes ce merveilleux fait d'armes, citons cette fière et laconique recommandation du brave Chevert au sergent de grenadiers qu'il a chargé d'escalader le premier les murailles de la ville ; quoiqu'elle soit bien connue, elle est si belle qu'on ne la relit jamais sans émotion :

— « Tu monteras par là, lui dit-il en lui dési-» gnant un angle du rempart contre lequel était » braquée une échelle ; en approchant du haut du » rempart on te criera : *Qui vive*! tu ne répondras » rien. On criera la même chose une seconde fois, » tu ne répondras rien encore, non plus qu'au troi-» sième cri. On tirera ; on te manquera, tu égorgeras » la sentinelle et je suis là pour te soutenir. »

On chercherait en vain dans Plutarque une plus brève et plus héroïque admonition militaire. Léonidas, Philopœmen, Miltiade, Cimon, Thémistocle en ont peut-être proféré d'aussi saisissantes, mais non de plus simple et de plus belle.

Tout s'exécute à l'attaque principale comme Chevert l'a prescrit. Ce général marche à la tête de quatre compagnies de grenadiers, suivi du fils du maréchal de Broglie, qui commande à quatre escadrons de dragons à pied et à quatre forts piquets d'infanterie. On dresse les échelles : généraux, officiers, dragons, grenadiers, s'y élancent à l'envi ; Chevert atteint, lui troisième, le haut du rempart, mais plusieurs échelles se brisent sous le poids des hommes qui s'y empressent avec impétuosité ; les soldats déjà parvenus sur le rempart tendent des perches, jettent des cordes à leurs camarades renversés : le détachement tout entier arrive enfin sur les murailles. Les Français sont dans Prague et le drapeau du régiment de Picardie flotte déjà fièrement au sommet du fort envahi.

Pendant que cela se passait, le comte de Saxe attaquait la porte et le ravelin qu'il s'était chargé d'emporter. Maître du ravelin, Maurice marche sur la porte qu'il avait quelques difficultés à aborder, pour y attacher le pétard ; mais, à la grande satisfaction du général, cette porte s'abat devant lui et, sur le pont-levis frémissant encore sous ses chaînes,

4.

Maurice voit Chevert à la tête de ses grenadiers : la prise de la ville est désormais assurée ; vingt escadrons de cavalerie que le comte de Saxe avait postés sur la chaussée, se précipitent au galop dans la place par cette voie qui leur a été si merveilleusement ouverte et se répandent dans toutes les rues, tandis que Maurice court dans la basse ville faire sa jonction avec les Saxons et faciliter le mouvement de ses alliés. Tout réussit au gré de ses désirs et, après avoir occupé la porte neuve, il marche droit avec la majeure partie de ses forces vers le pont, qui réunit les deux tronçons de la capitale de la Bohême. Au moment où il arrive devant la maison de ville, le magistrat lui présente les clefs de la cité et presqu'en même temps, un aide-de-camp du maréchal Ogliwi, accourt annoncer qu'il se rend avec toute sa garnison. Le comte de Saxe profite, sans perdre une seconde, de ces sourires inespérés de la fortune ; il s'assure du pont qu'il fait occuper par ses soldats, sous le commandement de Chevert, fait filer les troupes saxones et bavaroises sur la citadelle, et va de sa personne chez le maréchal Ogliwi, dont il console la disgrâce et dont il honore les services passés.

La discipline de l'armée française fut si bien observée que le jour même de la prise de la ville, les boutiques furent ouvertes et la Bourse se livra à ses opérations ordinaires. Il n'y eut ni rixe, ni insulte, ni pillage partiel, ni injures même. Vainqueurs et vaincus s'entendirent à merveille, et les bourgeois de Prague surpris de voir les Français si audacieux dans l'attaque, devenir, la lutte terminée, aussi doux que des moutons et aussi souples que des enfans, exprimèrent aux généraux leur étonnement et leur admiration :

— « Monsieur le magistrat, répondit Chevert au » maire de Prague, qui le remerciait au nom de la » cité conquise, de la conduite irréprochable de ses » troupes, le roi de France n'est point un conqué- » rant farouche qui inspire à ses soldats des idées » de richesses sacrilèges et de carnages impies. Le » roi et la France font la guerre pour obtenir la » paix et, à ce titre, ils ne sauraient trop manifester » aux regards des nations qu'ils sont obligés de com- » battre et la stricte pureté de leurs espérances, et » la noblesse de leur but, et l'exacte discipline de » leurs armées. »

Deux années après, ce même Chevert, gouverneur de Prague, soutint, à la suite du départ du maréchal de Belle-Isle, et avec une garnison de six mille hommes, dont *Cinq mille deux cents malades,* les efforts d'une armée de quarante mille hommes, et à force de sang-froid, de bravoure et d'audace, finit par obtenir pour son héroïque garnison une capitulation des plus honorables, et qui ressemblait plus à une victoire qu'à un retour de mauvaise fortune (2 janvier 1743).

LE SIÉGE DE LILLE,

1793.

Si l'histoire de la Révolution française offre à la postérité des pages sanglantes et ridicules qui font la honte tout à la fois de l'humanité et de la raison, elle présente aussi, à des intervalles rapprochés, des exemples de dévoûment civique, d'abnégation, de courage et de vertus domestiques dignes des plus beaux temps de l'antiquité. Par malheur les écrivains passionnés qui se sont voués à la peinture de cette large épopée ne sont pas des Plutarque et, plus esclaves de l'esprit de parti que la vérité, ils se sont appliqués, selon les intérêts de la faction dont ils étaient les organes, moins à célébrer les véritables actes de patriotisme et de grandeur nationale, qu'à justifier d'abominables forfaits et à décerner des cou-

ronnes à des monstres qui méritaient à peine le nom
d'hommes, mais dont ils excusent les crimes pour
mieux protéger et glorifier leur décevante politique.

Cependant il convient de répéter ici ce que cent
écrivains ont dit avant nous : si la nation opprimée
par quelques poignées de bandits, déguisés en législateurs, se trouvait au ban de l'Europe aussi bien
qu'à celui de la morale, de la vraie liberté et de la
religion, les armées françaises chargées de défendre
le sol sacré de la patrie contre le million de soldats
de l'étranger, étaient devenues le sanctuaire de
l'honneur et de la loyauté. Dans ces camps improvisés sur toutes les frontières, sous ces bivouacs
jetés sur tous les littoraux de l'Océan et de la Méditerranée s'était réfugié le véritable caractère français : chaque soldat ne songeait qu'à opposer à
l'ennemi commun son indomptable valeur, et beaucoup moins préoccupés des hochets démocratiques,
qu'une assemblée de révolutionnaires corrupteurs et
corrompus jetait aux armées de la République, les
soldats de Jemmapes et de Fleurus, comme autrefois ceux de la Marsalle et de Fontenoy, ne voulaient
que fixer la victoire aux nobles drapeaux que leur
avait confiés la patrie.

Lille qui avait glorieusement résisté à Louis XIV,
Lille devenue française, qui avait affronté pendant
un long siége les efforts de deux généraux illustres,
le prince Eugène et le duc de Malborough et qui en

4*.

succombant avait partagé les éloges et l'admiration de l'Europe avec le maréchal de Boufflers, son gouverneur (1); Lille presqu'au début de la Révolution française — du 24 septembre au 9 octobre 1793 — fut investie par une armée de vingt-cinq mille hommes commandée par le duc de Saxe-Teschen. Les puissances étrangères n'avaient pas médité sans dessein la conquête de cette florissante cité ou sa destruction. Les potentats de l'Allemagne regardaient toujours avec jalousie la prospérité de la Flandre française et ils voulaient se venger en outre de cette opulente contrée que les armes de Louis XIV ont réunie à notre territoire, et qui porte aussi profondément que les autres provinces de la France le sentiment de patriotisme et de dévoûment.

Ce corps de vingt-cinq mille Autrichiens commandé par le duc de Saxe-Teschen, se présenta le 24 septembre en vue de Lille à Helemmes. Le lendemain, ce général fait distribuer à profusion une proclamation par laquelle il invite les habitans de la Flandre à rompre les liens qui les attachent à la France, et investit Lille depuis la Magdeleine sur la Basse-Deule jusqu'à Haut-Bourdin sur la Haute-Deule;

---

(1) Lorsqu'après la signature de la capitulation que sur l'invitation du prince Eugène, Boufflers avait dressée lui-même, le général autrichien dit au maréchal :
— « Je suis fort glorieux d'avoir pris Lille, mais j'aimerais » encore mieux l'avoir défendue comme vous » Compliment flatteur, digne d'un héros qui en console un autre !

faute d'un assez grand nombre de soldats, Teschen laisse libre le côté de la porte d'Armentières, ce qui permet aux Lillois de conserver une communication avec Dunkerque. Le duc a compris qu'une attaque terrible, imprévue, peut seule le rendre maître de la place ; il prétend accabler la ville sous une pluie de bombes et de boulets et c'est pour atteindre ce but qu'il fait des préparatifs formidables. Des milliers de projectiles, des caissons chargés de poudre sont dirigés d'Ath sur les lignes autrichiennes et bientôt, du haut de leurs remparts, les Lillois voient les grils destinés à rougir les boulets se dessiner sur le gazon flétri des campagnes environnantes.

Les Autrichiens commencèrent leurs travaux d'approche dans la nuit du 25 au 26 septembre ; mais le 26, les assiégés firent une si vigoureuse sortie sur la tête des travaux des assiégeans que ceux-ci, étourdis d'une si furieuse attaque, se retirèrent en désordre, et ce ne fut que pendant les deux jours suivans qu'ils étendirent leurs ouvrages sur la droite et sur la gauche à l'abri des masures du faubourg de Fives.

Quand les Autrichiens eurent perfectionné les ouvrages les plus indispensables, ils envoyèrent au gouverneur et à la municipalité un parlementaire précédé d'un trompette. La sommation dont cet officier était porteur, promettait aux Lillois la protection des rois étrangers, coalisés contre la France, s'ils voulaient trahir la cause de la patrie et se livrer à leurs anciens souverains.

— « Si la fièvre révolutionnaire ne vous permet pas
» d'écouter la voix de la raison, disait le manifeste,
» attendez-vous à voir votre ville incendiée, vos
» maisons renversées, vos monuments détruits, vos
» champs dévastés et vos remparts — qui jadis ont
» été si funestes à ces Français dont vous prétendez
» faire partie aujourd'hui — foudroyés et bientôt
» recouverts d'herbe. »

A ces menaces honteuses, à ces insolentes provocations un cri universel d'indignation s'échappa de toutes les poitrines :

— « Défendons-nous, défendons-nous, s'écrièrent
» l'artisan, le prêtre, le magistrat et le bourgeois,
» apprenons à l'étranger que la Flandre n'est plus
» l'apanage d'un archiduc d'Autriche et que les Fla-
» mands, jadis Français par le cœur, le sont devenus
» depuis un siècle par les mœurs, par le langage,
» par les intérêts et par l'amour de la liberté ! »

Les Lillois jurèrent de se conserver à la France et dès ce moment, dans cette généreuse communauté d'intentions et de volontés, leurs actions prirent un caractère d'héroïsme et de vertu qui rappelait les plus magnifiques dévoûments civiques de la Grèce et de Rome. Un ordre parfait s'établit dans chaque rue, dans chaque place, dans chaque quartier de cette vaste cité. Des vases pleins d'eau étaient dé-

posés devant toutes les portes, les enfans allaient à
la chasse des bombes et des obus, et se disputaient
le périlleux honneur d'en arracher la mèche. Si un
projectile éclatait dans une maison, un cri indiquait
la demeure en danger et cinquante citoyens accou-
raient pour éteindre l'incendie. Un canonnier bourgeois, de service à une batterie des remparts, est
averti qu'un boulet rouge a mis le feu à sa maison,
sa seule fortune ; il se retourne, voit son logis en
proie aux flammes, continue de charger sa pièce et
répond :

— « Je suis ici à mon poste, rendons aux Autri-
» chiens feu pour feu. »

Résignation sublime digne d'un spartiate.

Lorsqu'une maison était transformée en un mon-
ceau de ruines, on s'empressait d'offrir l'hospitalité
aux victimes ; tout devenait commun.

— « Buvez, mangez, leur disait-on, tant que nos
» provisions dureront ; la providence pourvoira à
» l'avenir. »

A la honte de son sexe et de son rang, l'archiduchesse Christine, gouvernante des Pays-Bas, excitait
contre la ville la rage des assiégeants et ne rougissait
pas d'improviser, au milieu des scènes d'horreur et
de carnage, des plaisanteries qui eussent été mieux
placées dans la bouche d'une comédienne cosmopo-
lite, que dans celle d'une princesse de l'auguste
maison de Hapsbourg.

Les traits d'une fermeté stoïque ou d'une héroïque gaîté se multiplièrent dans Lille pendant ce siége mémorable. Nous en citerons deux exemples qui nous ont été transmis par des écrits et des témoins de cette prodigieuse défense :

Un boulet tombé dans le lieu des séances du conseil de guerre, y fut déclaré en permanence comme l'assemblée. Le sénat romain adjugeant des terrains occupés par l'armée d'Annibal, après la bataille de Cannes, n'offre pas un plus sublime tableau.

Le second trait est éminemment empreint de cette gaîté gauloise qui plaisait tant aux Romains, nos maîtres en l'art de la guerre.

Une bombe tombe et éclate à la porte de la boutique d'un barbier. Cet homme quitte aussitôt le menton qu'il était en train de raser, court ramasser le plus gros éclat de cette bombe, rentre chez lui et se sert de cette terrible épave en guise de plat à barbe pour raser quatorze de ses pratiques qui attendaient leur tour. Et tout cela au milieu des lazzis, des quolibets, des coqs-à-l'âne sur les Autrichiens et leurs canons.

Cependant l'arrivée du général Lamorlière dans la place avec huit bataillons de vieilles troupes rallentit le feu des Autrichiens. Du 1er au 5 octobre, les batteries ennemies eurent des intermittences de fureur et de faiblesse. Le 6 octobre, les attaques cessèrent tout à fait. Fatigué par la résistance de

Lille, effrayé par les succès que l'armée française venait d'obtenir en Champagne, le duc de Saxe-Teschen craignant d'être assailli, et par un corps de troupes en queue et par les assiégés en tête, se décida à la retraite. Il l'effectua, sans être inquiété, le 9 octobre 1793, laissant après lui, non des traces de son courage et de son habileté militaire, mais des vestiges impérissables de sa barbarie et de son aveugle soumission aux volontés sanglantes de la femme qui, sous le nom d'archiduchesse Christine, comptait présider aux funérailles de la quatrième ville de France.

Le bilan de ce siége mémorable ne fut pas difficile à dresser. Dans l'espace de moins de quinze jours, Lille reçut six mille bombes et trente mille boulets. Et quand on songe que ce siége n'était, à proprement parler, qu'un investissement ; quand on pense que les moyens de défense n'étaient pas perfectionnés comme ils le sont aujourd'hui, on sera obligé de convenir que nulle population urbaine n'a manifesté d'une manière plus éclatante que les Lillois, son courage, sa résignation et son dévoûment à la patrie.

Louis XIV dit un mot prophétique, quand, s'adressant aux magistrats de Lille qui lui présentaient les clefs de leur ville, il leur répondit :

— « Tout m'assure que vous deviendrez bons » Français, et que désormais vous ne séparerez plus

» l'ère de votre prospérité de celle de votre réunion
» à mon royaume. »

Les descendans des nouveaux sujets de Louis XIV, prouvèrent au dix-huitième siècle que les Lillois voulaient rester Français *quand même,* et que le drapeau de la France était à leurs yeux un labarum sacré pour lequel ils savaient vaincre ou mourir avec gloire.

LE SIÉGE DE TOULON.

1793.

La généreuse, mais impolitique assistance que l'infortuné Louis XVI avait prêtée à la révolte ou plutôt à l'émancipation des colonies anglaises avait soulevé, dans l'âme des hommes d'état de la Grande-Bretagne, une indignation d'autant plus vive et d'autant plus profonde, que le cabinet de Saint-James avait été contraint de capituler avec ses préjugés politiques en reconnaissant le gouvernement des États-Unis. Pitt, le tortueux et implacable ministre, l'ennemi le plus acharné de la France et de son souverain, avait dit dans une de ces rares boutades qui, comme les éclairs, décèlent la foudre :

— « Louis XVI veut abaisser l'Angleterre en
» appuyant la rébellion de ses colonies ; qu'il y

» prenne garde ; les Anglais ont fait tomber la tête
» d'un de leurs rois (1) qui prétendait amoindrir les
» franchises et les libertés de la nation ; ils ne se
» feraient aucun scrupule de *punir* un monarque
» étranger qui voudrait renverser leur puissance et
» leur disputer l'empire de la mer. »

Le ténébreux et vindicatif Pitt tint parole ; on
sait l'usage qu'il fit, au début de la Révolution française, de ce million de livres sterling qu'il demanda
au Parlement britannique avec cette clause : *sans être
obligé de rendre compte.*

Les forces maritimes de la France, voilà surtout
ce que les Anglais voulaient détruire ; les glorieux
marins, officiers et matelots, qui s'étaient mesurés
avec tant d'avantage contre leurs vaisseaux pendant
la guerre de l'indépendance américaine, voilà ce que
Pitt et ses dignes collaborateurs voulaient anéantir ;
odieuse à notre point de vue, cette conduite pour
eux était de bonne guerre : ils ne faisaient qu'user
de leur droit légitime, d'une politique bien entendue
en cherchant à ruiner la France par tous les moyens
possibles.

Séduits par les promesses de l'Angleterre qui,
disait-elle, agissait comme alliée du jeune roi
Louis XVII, les royalistes du midi consentirent à
ouvrir le port de Toulon à la flotte anglaise, com-

(1) Charles 1er.

mandée par l'amiral Hood. Il fut stipulé, dans l'espèce de convention qui intervint entre la ville et l'amiral, que la flotte française forte de dix-huit vaisseaux de ligne, devait être désarmée dans le port et toutes les batteries de la rade retirées à terre. Quelques vaisseaux placés sous les ordres de Julien, que les révolutionnaires de la flotte avaient élu pour chef, tentèrent de s'opposer à l'entrée des forces anglaises, mais les batteries de terre menacèrent de les canonner : Julien, abandonné de quelques capitaines se retira, accompagné des équipages de sept vaisseaux ; le reste tomba entre les mains des Anglais qui furent bientôt rejoints par l'escadre espagnole de l'amiral Langara. Les postes, les forts, les remparts du côté de la mer et du côté de la terre, furent occupés par des garnisons anglaises et espagnoles, et le drapeau de la Castille ainsi que celui de la Grande-Bretagne, flottèrent ensemble sur les édifices d'une ville dont l'ennemi n'avait pu s'emparer aux plus tristes et aux plus néfastes jours de la monarchie.

Il faut pourtant le déclarer hautement. L'Espagne n'était plus alors pour nous, ni l'Espagne de la Ligue, ni même l'Espagne de la Fronde. En s'unissant aux Anglais pour faire entrer ses vaisseaux dans le port de Toulon, elle était loin de vouloir démembrer et déshonorer la France ; c'était un gage dont elle tâchait de s'assurer, de concert avec l'Angleterre, en faveur de l'innocent et malheureux héritier de Louis XVI. L'affection de famille avait parlé aussi haut que la politique dans cette détermination du cabinet de Madrid, et s'il était rationnel pour l'Espagne, au point de vue de l'honneur castillan, de ne pas déserter la cause du jeune captif du Temple, il était prudent de poser dans le port même de Toulon et au milieu d'une escadre anglaise protestante, un poids maritime assez fort pour rassurer les susceptibilités monarchiques et religieuses de la Provence.

A la nouvelle de la reddition de Toulon, la ville de Marseille qui n'avait point oublié, dans les lourdes préoccupations du commerce, les souvenirs de ses légendes chevaleresques et ses antiques aspirations religieuses, fit entendre les rugissements de ses cent quarante-trois clubs et de ses huit cents forçats. L'indignation gagna de proche en proche et de Marseille elle s'étendit sur toute la France. La perte de Toulon fut considérée comme un malheur, et les royalistes patriotes aussi bien que les révolutionnaires ardens regardèrent, les premiers comme une faute impardonnable, les seconds comme un crime irrémissible d'avoir confié aux Anglais le Plymouth et le Portsmouth de la France. Les deux partis extrêmes de la population comprenaient qu'il y avait péril, et tous les esprits sérieux furent de l'avis du vieux contre-amiral Pleville le Pelé, qui en apprenant *l'entrée pacifique et en vertu d'une convention spé-*

ciale des Anglais à Toulon, s'écria en levant les mains vers le ciel avec désespoir :

— « Toulon est perdu sans retour et pour les » royalistes et pour les républicains : les premiers » ont oublié l'exemple de Gilbraltar; les seconds » n'ont pas opposé à l'embauchage et à l'or des mi- » nistres anglais, les moyens héroïques qu'il conve- » nait. »

·— « Et que convenait-il donc de faire, demanda » un membre modéré de l'assemblée nationale? »

— « Arrêter *ces amateurs,* repartit Pleville le » Pelé, qui pénètrent partout en France, dans les » arsenaux, dans les musées, dans les bibliothèques, » dans tous les grands centres de sciences et d'in- » dustrie et qui, sous le titre spécieux de voyageurs, » cachent les ruses, les instructions et les instincts » diaboliques de l'espion. Oui, reprit Pleville. il » fallait les arrêter et les fusiller. »

Et comme on lui faisait observer que ce traite- ment était bien rigoureux pour une simple suspicion.

— « Puisque vous avez détruit la Bastille, reprit » le brave marin, il faut bien que vous la remplaciez » par une peine plus dure. Oui, il vous en faut mille » au lieu d'une. . . . et quelque chose de pis que » des balles de fusil pour arrêter l'essor des espions » de l'Angleterre. »

Carteaux, grossier et ignorant général révolution- naire, partit de Marseille avec quelques troupes et pénétra dans la gorge d'Ollioules où les Anglais avaient essayé de se retrancher. Après un engagement longtemps douteux, Carteaux passa sur le ventre des Anglais, resta maître de ces défilés importans qui sont comme les Thermopyles de la Provence et resserra la garnison ennemie dans l'enceinte de ses ouvrages extérieurs. Dès ce moment, le siége de Toulon commença.

Si la République, pour réconquérir la ville, n'avait eu à son service que le talent de Carteaux, de deux ou trois généraux sous ses ordres et autant de représentans du peuple en mission, il est probable que les Anglais se seraient maintenus longtemps dans Toulon. Mais Dieu veillait sur la France, et un jeune homme de vingt-trois ans, simple chef de bataillon d'artillerie qui commandait, malgré l'infériorité de son grade, les batteries dirigées contre la ville, ramena la victoire sous les drapeaux de la France et, en dépit de l'opposition de Carteaux qui ne se connaissait pas plus en guerre de siége qu'en guerre de campagne, et des absurdes objections des conventionnels, signala ses premières attaques contre Toulon par des succès si positifs et des avantages si considérables qu'il fit passer la confiance dans l'âme des soldats et la certitude de vaincre dans le cœur de tous les Français (1).

(1) Bonaparte ne plia jamais sous le joug de la sottise des

Ce jeune officier — est-il besoin de le dire ? — était Napoléon Bonaparte qui préludait ainsi à ses hautes destinées et qui, au seuil même de sa renommée militaire, méditait, avec le sang-froid d'Annibal et la persévérance de Scipion, la défaite de l'Angleterre, pour parvenir plus tard — consul et empereur — à abaisser cette orgueilleuse puissance qui usurpait depuis la mort de Louis XVI, l'empire des mers et se glorifiait de l'insupportable tyrannie qu'elle faisait peser sur le monde.

Par son assiette et par ses fortifications de terre et de mer, Toulon est l'une des plus fortes places de l'Europe. Adossée à de hautes montagnes que de puissans ouvrages élevés par Louis XIV rendent encore plus respectables, cette ville voyait une chaîne de forts lui former comme un diadème de feu. L'étranger était complètement maître de tous ces forts et il s'agissait de l'en débusquer avant d'attaquer le corps de la place.

Dugommier — un vrai général celui-là — arriva enfin, précédé et suivi de l'armée qui avait soumis Lyon et de quelques divisions détachées de l'armée

proconsuls envoyés par la Convention. A l'attaque du fort Pharon, un de ces Lucullus au petit pied veut rectifier la position d'une batterie : — « Mêlez-vous de votre métier de représentant, lui dit le jeune officier d'artillerie avec fierté, et laissez-moi faire le mien d'artilleur. Cette batterie restera là et je réponds du succès. »
La batterie resta et le fort fut pris.

d'Italie. Sous les ordres de Dugommier marchaient les généraux Lapoype, Laharpe, Mouret et Garnier, c'est-à-dire, des hommes qui joignaient à cette aveugle intrépidité des révolutionnaires tels que Carteaux et ses acolytes, la science militaire et le talent plus rare encore d'enlever le soldat par la confiance qu'on lui inspire.

L'arrivée du général Dugommier changea la face des affaires; l'attaque prit des proportions sérieuses et motivées. On forma autour de Toulon deux corps d'armée et, dans une circonvallation étendue, on travailla à resserrer de plus en plus les défenses de la place. L'idée de Bonaparte était, après la prise successive des forts, d'exposer la flotte anglaise au jeu des batteries dont les feux convergents devaient la forcer d'évacuer la rade.

De leur côté, les Anglais et les Espagnols ne négligeaient rien pour rendre Toulon imprenable. Tous les forts furent garnis d'une formidable artillerie et ils employèrent à cet usage les canons même de notre flotte, de sorte que c'était avec des canons français qu'on foudroyait les bataillons français.

Dugommier et Bonaparte s'entendaient à merveille dans leurs vues et leurs efforts. Le vieux général a deviné dans l'ardent jeune homme, le héros qui doit un jour faire faire un si grand pas à l'art de la guerre et ajouter de nouvelles et glorieuses pages à l'histoire militaire de la France. Ils combinent ensemble leurs plans, ils mûrissent leurs projets, et la terrible sortie des assiégés le 30 novembre, sortie où ils eurent pendant quelques heures un évident avantage sur les troupes françaises, ne fit que corroborer cette sympathie mutuelle. Dans cette journée, Dugommier se montra aussi intrépide soldat que général expérimenté, et le commandant Bonaparte ne ménagea pas plus sa vie que les gargousses de ses caissons. L'ennemi fut repoussé et repoussé par des troupes turbulentes et indisciplinées. A cette occasion un officier anglais prisonnier, qui avait vu les généraux français se battre à pied à la tête des colonnes comme de simples soldats, s'écria en pressant dans ses bras le brave Dugommier blessé :

— « Général, on peut être vaincu sans honte par » des hommes tels que vous : vos troupes étaient en » fuite et vous seul, ainsi que les autres officiers- » généraux, avez rétabli le combat et forcé la victoire. » C'est une glorieuse affaire gagnée, non par les » soldats, mais par les généraux français qui ont été » tous soldats aujourd'hui. »

— « Monsieur, répondit Dugommier, les géné- » raux ont suivi aujourd'hui l'exemple que leur » donnent habituellement leurs soldats. Il y a soli- » darité entre tous les soldats de la République quelle » que soit la valeur de l'épaulette qui les décore. »

Cependant la saison s'avançait et un dénoûment était politiquement et militairement nécessaire. Un

5*.

conseil de guerre s'assembla et il fut résolu qu'une attaque générale aurait lieu. A la droite, Dugommier devait enlever la redoute anglaise qui s'élevait sur une hauteur escarpée devant la petite ville de la Seyne. Assise sur le promontoire, cette position découvrait les deux rades où la flotte anglo-espagnole ne pourrait se maintenir si les Français parvenaient à l'emporter. Cette position était si habilement fortifiée par l'ennemi, que les Anglais l'avaient appellée le *petit Gibraltar*. Le général Mouret était désigné pour attaquer le fort de Malbousquet; le général Garnier, les redoutes et fortins situés sur les hauteurs qui commandent la rivière de l'As. A la gauche, le général Lapoype devait forcer le mont Pharon; le général Laharpe, les batteries qui, du cap Brun, dominent l'entrée de la rade. Le général Marescot commandait le génie. Les mesures ainsi arrêtées, l'armée se mit en mouvement le 14 décembre sur tous les points. Dugommier prit huit mille hommes d'élite pour attaquer la fameuse redoute anglaise. — Le signal se donne, — on part, lorsqu'un orage effroyable vient encore augmenter les difficultés de cette entreprise hardie. Les colonnes font fausse route, se choquent dans les ténèbres et arrivent enfin, après des fatigues inouies, devant la redoute. Une muraille de dix-huit pieds d'élévation, défendue par des feux croisés et continuels s'offre à la vue des assaillans.

Des grenades que les Anglais lancent, à l'abri de leurs murs, éclatent avec les obus que vomissent les parties supérieures du fort et sifflent avec les boulets qui partent du bas des embrasures. Au milieu de ce déluge de fer et de feu, les soldats français s'épuisent en efforts inutiles : ils n'avaient point d'échelles pour tenter un assaut. Enfin un bataillon de grenadiers plus intrépide que les autres encore, ou mieux inspiré, s'élance sur cette muraille mortelle. Le fusil en bandoulière, le sabre entre les dents, les grenadiers, en se faisant la courte-échelle, parviennent à atteindre le haut des créneaux ; arrivés là, ces héroïques soldats passent à travers les embrasures des canons dans le temps où les pièces ayant tiré reculent par leur mouvement ordinaire. Les premiers, les seconds, les troisièmes sont égorgés sur le parapet et précipités sanglans sur leurs camarades et cet affreux massacre se renouvelle par trois fois au milieu d'une pluie torrentielle, des éclats de la foudre et de la confusion générale qui prenait de plus en plus un caractère d'indicible atrocité par les cris des blessés, le râle des mourans, les clameurs de rage de tous.... quand de nouveaux combattans accourent; ce sont des grenadiers de l'armée d'Italie ; ils arrivent en poussant des hurrahs d'encouragement, on leur répond par des cris de joie, précurseurs de la victoire. On se reforme, on s'élance, les nouveaux venus se précipitent les premiers sur cette infernale

muraille ; mais cette fois on la franchit. Les Français s'y jettent en foule et immolent aux mânes de
leurs infortunés camarades les Anglais consternés qui
ne se défendent plus qu'avec mollesse. Un petit
nombre parvient à se soustraire aux bayonnettes des
vainqueurs en se jetant dans des embarcations qui
les conduisent vers Toulon.

Au même instant, les divisions de Mouret et de
Garnier s'emparèrent des deux forts Saint-Antoine
et du fort Malbousquet. Bientôt aussi, à un signal
convenu, le corps de gauche s'était mis en mouvement et le général Laharpe, après avoir fait sauter la
poudrière du cap Brun, s'était jeté sur les ennemis
qui, malgré une résistance de cinq heures, se reti-
rent en désordre dans le fort Lamalgue. Simultané-
ment le général Lapoype qui a opéré sur les hauteurs
du Pharon, voit l'ennemi lui abandonner les portes
enfoncées des forts de l'Artigue et de Sainte-Cathe-
rine.

Une partie des troupes qui défendaient ces divers
points, regagnent précipitamment les vaisseaux de
l'escadre ; l'autre partie rentre à Toulon où la confusion, l'épouvante, la consternation commençaient
à régner, et cette débâcle ne fit qu'augmenter l'alarme
générale et fomenter les querelles, les imprécations,
les rixes auxquelles les habitans de cette malheu-
reuse ville se livraient entr'eux. Les républicains re-
prochent aux royalistes d'avoir trahi la patrie, les

royalistes accusent les républicains avec non moins de fondement de se disposer à trahir l'humanité. Ils avaient raison tous deux.

Cependant l'armée républicaine, maîtresse des forts et des hauteurs, bombarda Toulon avec une fureur et un acharnement sans exemple. Les Anglais et les Espagnols ne pouvaient s'opposer à ce luxe de projectiles et ne tentèrent même pas d'y répondre. Ils se préparèrent à remonter sur leurs vaisseaux ; tandis que les Espagnols se disposaient tout simplement à la retraite, les Anglais fidèles à leur tactique de destruction, incendièrent l'arsenal et les magasins de la marine, et comme si cet acte de basse rivalité n'eut pas dû suffire pour assouvir complétement leur haine contre la France, ils découplèrent les forçats du bagne, les invitèrent à piller, à brûler, à violer et leur distribuèrent des grenades, des armes et des matières incendiaires ; puis, pour dernier coup de pinceau à cette conduite inouie chez tous les peuples civilisés, ils repoussèrent impitoyablement de leurs bords les malheureux Toulonnais, qu'ils avaient excités à la révolte et qui avaient eu une aveugle foi dans la loyauté britannique. Les Espagnols et les Napolitains, beaucoup plus humains les recueillirent sur leurs vaisseaux. Dix à douze mille habitans de Toulon évitèrent ainsi les représailles atroces que la Convention leur réservait.

A la vue des flammes qui dévorent Toulon, un

cri terrible de réprobation s'elève dans le camp français : l'armée demande l'assaut ; Dugommier conduit une colonne sous les murs de la place, une porte s'ouvre et les Français se précipitent comme un torrent dans cette ville en flammes. L'avant-garde ennemie taillée en pièces et poursuivie tombe ou se noie dans la mer, en regagnant ses vaisseaux. On court à l'arsenal pour tâcher de le préserver, on y trouve les forçats qui moins cruels que leurs insti- gateurs, s'efforçaient d'éteindre les mêches enflam- mées qui y avaient été jetées. Mais notre plume osera-t-elle retracer ici un fait qu'il est impossible de soustraire à 'a vérité de l'histoire ? Cette armée vic- torieuse, cette armée républicaine accepta les hon- teux secours des galériens, et c'est à cette impudique, à cette monstrueuse alliance qu'il convient d'attri- buer toutes les horreurs qui souillèrent la délivrance de Toulon.

En effet six mille familles peut-être qui fuyaient en désordre vers le rivage, furent impitoyablement décimées par la mitraille qui grêlait incessamment sur elles. On vit, dit un témoin oculaire, une mul- titude d'hommes et de femmes périr en emportant leur or ; des mères furent foudroyées ou englouties dans les flots en pressant contre leur sein leurs en- fans qu'elles arrachaient du milieu des flammes ou qu'elles s'efforçaient de *sauver du fer* des baïonnettes. La ville fut mise au pillage et le viol accompagna

le pillage ; ce dernier crime même fut diversifié
à l'infini, et les opprobres de Caprée et de
Lampsaque se mêlèrent aux dégoûtantes voluptés de
Gomorrhe. Le désordre fut si grand, que les proconsuls conventionnels — remarque un historien —
trouvèrent à peine un asile contre la fureur de
quelques soldats qui indignement mêlés à huit cents
galériens, se partageaient les logemens et les dépouilles de Toulon.

21 décembre 1793 ! tu dois être marqué en lettres
de sang dans les fastes d'airain de l'histoire !

Le Comité de salut public ordonna la *démolition*
de la ville et la *mort* de tous ses habitans. Le brave
Dugommier pleura sur sa victoire et n'écoutant que
sa conscience au risque de sa vie, il se présenta dans
le cénacle où les proconsuls, gorgés de vin et de
bonne chère, dressaient les listes de proscription et
signaient des ordres aux bourreaux d'Aix, de Marseille et de Lyon pour qu'ils vinssent inaugurer la
permanence des guillotines de Toulon :

— « Citoyens représentans, dit le vieux général,
» sans doute il y eut dans cette ville des traîtres qui
» l'ont livrée aux Anglais ; mais les plus grands cou-
» pables ont fui. S'il est des hommes criminels qui
» aient osé attendre la vengeance nationale, le temps
» vous les fera connaître, lui seul peut éclairer votre
» justice et calmer les haines qu'enfantent les dis-
» cordes civiles. Si vous punissez aujourd'hui, toutes

» les passions choisiront leurs victimes. Voyez cette
» ville déserte et désolée ! Qui allez-vous immoler ?
» des vieillards, des femmes, des enfants qui ne
» porteront jamais les armes contre vous. »

Ce langage pouvait-il être entendu par des tigres ?
Dugommier ne fut point écouté et les ordres sanglans de la Convention nationale furent exécutés par
une demi-douzaine de monstres législateurs, aidés par
quelques centaines de bourreaux, de galériens et de
quelques misérables dignes acolytes des forçats et
des bourreaux.

L'Académie française couronna jadis, en la couvrant d'un voile épais, l'ode brulante et magnifique
de l'auteur de *la Métromanie* (1). Si de grands
évènements peuvent se comparer à des faits pure-
ment littéraires, il faut dire que la France doit re-
couvrir d'un crêpe de deuil le siége glorieux et la
prise de Toulon.

(1) *L'Ode à Priape*, de Piron, qui fut non pas *lue*, mais
jugée par l'Académie et récompensée par une silencieuse et
réprobative ovation.

LE SIÉGE DE St-JEAN-D'ACRE

1799.

En supposant que l'idée première de l'expédition d'Égypte n'appartienne pas au général Bonaparte, il est juste de reconnaître que son génie a su se l'approprier par une exécution intelligente et hardie. Ayant à cœur de contrebalancer la puissance anglaise, il devait naturellement la frapper d'abord sur les rivages de la Méditerranée, pour l'atteindre plus tard dans les Indes. Il n'est donc pas étonnant qu'il se soit rencontré avec ceux qui avaient conçu longtemps avant lui cette grande pensée ou même qu'il la leur ait empruntée.

Le projet de la conquête de l'Égypte *pour* et par la France, remonte au siècle de Louis XIV et aux ministères de Colbert et de Louvois. Il existait en

1780 aux archives des affaires étrangères, des *Mémoires* très étendus et très substantiels sur ce projet, mémoires qui avaient été rédigés à Constantinople même par les ambassadeurs de France, de l'année 1670 à l'année 1692. Sous Louis XV, le vieux cardinal Fleury, premier ministre, voulut, à la sollicitation du cardinal Alberoni, premier ministre de Philippe V, roi d'Espagne, rechercher ces divers mémoires et peser les possibilités que la réalisation des projets émis par eux pouvait présenter. Cette velléité d'action du vieux ministre qui présidait aux destinées du royaume de France, n'eut pas de suites et les mémoires qui avaient trait à la conquête de l'Égypte, rentrèrent dans les cartons poudreux du ministère des affaires étrangères. Cependant lorsque le bon et imprudent Louis XVI se fut déterminé à soutenir la cause des colonies anglaises insurgées contre la métropole, ces fameux mémoires concernant l'Égypte furent remis sur le tapis. Il paraissait urgent au conseil du roi d'attaquer la puissance anglaise, qui commençait à se révéler dans l'Inde et de créer ainsi une notable diversion à la guerre d'Amérique. Malheureusement cet avis qui avait été donné par les membres les plus sages et les plus incorruptibles du cabinet de Louis XVI, et par les amiraux qui s'étaient le plus distingués contre les Anglais, ne fut point suivi ou fut abandonné.

Le général Bonaparte, profita de l'influence que

lui donnaient son rang, ses services et ses victoires pour consulter les archives du ministère des affaires étrangères. Il trouva dans cet immense dépôt, dans ce charnier diplomatique les sept à huit plans pour la conquête de l'Égypte, et, avec cette puissance d'imagination qui le distinguait, il rallia en un seul faisceau ces différens projets qui sans doute n'étaient pas tous dûs à des esprits d'un ordre supérieur, mais qui du moins avaient le mérite de fournir d'excellens renseignemens. Le jeune général d'Italie n'arrivait jamais à une solution que par synthèse ; l'analyse ne convenait ni à la vigueur de son âme ni à la rapidité de son intelligence. De ces sept ou huit mémoires, il fit un projet d'un petit nombre de pages, et ce fut ce projet arrangé, modifié par le temps et par les circonstances, qu'il présenta au Directoire exécutif. Les Directeurs virent dans ce travail ce qu'y avaient vu Colbert et Louvois, Louis XIV et les marins de Louis XVI : c'était fonder une florissante et splendide colonie pour la France qui, grâce à la révolution de 1789, n'en possédait plus ; c'était poser une digue aux envahissemens de l'Angleterre, c'était enfin offrir à la jeunesse française une école militaire permanente , puisque les descendans abatardis des sujets de Pharaon et de Sésostris, n'accepteraient probablement pas, sans combats, les bienfaits de la civilisation que la France venait leur offrir à la hampe de ses drapeaux et à la pointe de ses baïonnettes. Le projet de Bonaparte fut longuement discuté dans le conseil des cinq Directeurs de la République. On a prétendu et quelques gobe-mouches ont accrédité le bruit que le Directoire, en confiant au vainqueur d'Arcole et de Lodi le commandement d'une expédition périlleuse voulait se défaire de lui. Les gens qui ont ajouté foi à ce bruit, ne se connaissaient pas en politique et en roueries gouvernementales. Si le Directoire avait été désireux de se débarrasser de Bonaparte, il ne l'aurait point placé à la tête d'une expédition qui le posait tout naturellement sur une espèce de pavois et qui, grâce au caractère français, ami du merveilleux, de l'imprévu ou du mystérieux, comme celui des Arabes, allait faire de lui un héros d'Homère ou de la *Jérusalem délivrée*. Si le Directoire exécutif eût voulu sérieusement se défaire de Bonaparte, il l'aurait éteint tout doucement dans les limbes de l'inactivité, comme il fit en effet, pour tant d'autres généraux d'un mérite éprouvé. Bonaparte avait senti tout ce qu'il pouvait y avoir pour lui de dangereux dans cette conspiration du silence, et c'est pour cela qu'il employa tous les moyens en usage alors pour faire adopter son plan par le Directoire. Il y parvint enfin et l'expédition d'Égypte fut résolue.

On connaît les succès obtenus d'abord par le jeune conquérant d'Italie. Par la connivence de quelques chevaliers qui désiraient en secret le triomphe des

armées françaises, Malte ouvrit ses portes après un
simulacre de résistance. Alexandrie tomba bientôt
au pouvoir de Bonaparte, et le Caire quelques jours
ensuite contempla le drapeau tricolore flottant au
haut de ses minarets et sur les créneaux séculaires
de ses remparts arrosés tant de fois du sang chrétien. L'Egypte enfin fut soumise après cent brillans
combats, et la perte de la flotte française dans la rade
d'Aboukir ne put en rien obscurcir la grandeur et
l'utilité de cette noble conquête.

L'Égypte était donc à nous, mais sans flotte cette
conquête était une impasse. D'ailleurs Bonaparte
avait dans sa tête le projet de révolutionner l'Orient
et de tenter, sur les traces de Tamerlan et de
Gengis-Kan, la transformation radicale de l'empire
des Sultans.

Mais pour arriver à ce but si noble et si élevé, il
fallait s'ouvrir une route à travers les sables brûlans
de la Syrie ; avant de soumettre Damas, sa capitale (1), il fallait également subjuguer des peuplades
guerrières et pillardes, et s'emparer des villes peu

(1) Damas, capitale de la Syrie, fut d'abord prise par le
calife Omar, successeur de Mahomet ; elle tomba ensuite sous
la domination des Mamelucks, auxquels le sultan Selim l'enleva
en 1516, et depuis cette époque la Syrie fait partie de l'empire
Turc. Damas est une belle ville, ornée d'édifices splendides,
de fontaines jaillissantes et de riches mosquées ; elle est située
dans un territoire fertile et ses fruits sont aussi savoureux que
ceux de la Sicile. Ses manufactures de soie et d'armes ont une
renommée méritée.

fortifiées, à la vérité, selon les règles de la science moderne, mais du moins assez solidement ceintes de murailles et de tours, pour arrêter quelques jours une armée européenne peu accoutumée aux privations qu'entraînent après elles des marches rapides dans des déserts de sables brûlants. Bonaparte avait tout calculé, tout prévu, mais il ne s'attendait pas à trouver sous les murs de la plus importante de ces bicoques l'intelligence et l'épée d'un officier de génie français, l'apostat Philippeaux, l'un de ses condisciples de l'école militaire de Brienne, et l'opiniâtreté du commodore anglais sir Sidney Smith.

Après avoir emporté sur sa route les places de Gaza et de Jaffa, après avoir battu et dispersé deux armées turques, le corps expéditionnaire français arriva devant Saint-Jean-d'Acre, le 18 mars 1799. Les fortifications de cette place, un des principaux boulevards de la Syrie au temps des Croisades, étaient encore teintes du sang des compagnons de Philippe-Auguste et de Richard Cœur-de-Lion ; elles consistaient en courtines flanquées de tours massives et carrées. Djezzar-Pacha —le gouverneur de Saint-Jean — avait sous ses ordres une garnison nombreuse, et les Anglais accourus sur les rivages de la Syrie, lui fournissaient abondamment des vivres, des munitions et, selon les circonstances, des artilleurs pour pointer ses canons, des soldats pour remonter le courage de ses troupes, et des ingénieurs moins habiles que Philippeaux, mais plus aptes que lui pour détruire par des inventions diaboliques les braves troupes françaises qui venaient essayer, sous l'égide d'un grand homme, de rendre à la civilisation, aux beaux-arts et aux sciences, un pays qui en fut jadis le berceau.

Le général en chef de l'armée française n'avait point avec lui ce matériel de siége qui est, sinon le gage d'un succès, du moins l'espoir d'un avantage probable. Quelques pièces de campagne, quelques obusiers formaient tout son parc d'artillerie, et ce ne fut que dans le courant d'avril que le contre-amiral Perrée lui fit parvenir de Jaffa où il avait pu débarquer, trois pièces de vingt-quatre et six de dix-huit avec des munitions.

Cependant avant d'avoir reçu ce faible renfort, Bonaparte avait, selon sa coutume, terrifié les populations environnantes de Saint-Jean-d'Acre, travaillées par les émissaires du pacha et des Anglais. Les généraux Vial et Junot, l'un sur les ruines de l'ancienne Tyr, l'autre dans les steppes de Nazareth, apprirent aux Turcs, aux Maugrabins, aux Mamelucks et aux Alepins, ce que peuvent quelques milliers de Français commandés par d'intrépides et de savans capitaines. Bonaparte lui-même remporte au Monthabor une de ces victoires fabuleuses qui laissent bien loin derrière elles les frasques héroïques de

Charles XII, roi de Suède, et les exploits compassés
du grand Gustave-Adolphe lui-même.

Malgré les détachemens qu'on était obligé de
diriger au loin, l'ennemi était toujours repoussé dans
ses sorties les plus furieuses; mais si le soldat français brave la mort (1), il n'est pas insensible au
plus ou moins d'atrocité dont les barbares se plaisent
à déshonorer le glorieux trépas dans les batailles.
Quelques déserteurs grecs parviennent dans le camp
français et annoncent que le farouche Djezzar fait
massacrer impitoyablement tous les blessés tombés
entre ses mains; ils ajoutent que les têtes et les
membres palpitans de ces infortunés, ont été pro-
menés dans les rues de Saint-Jean-d'Acre au bout
de piques et de pieux. Et comme pour corroborer les assertions des déserteurs, on trouve,
quelques jours après, à la suite d'un assaut, sur le

_____

(1) Les soldats jouaient un jour à *la main chaude* dans les
tranchées, un obus tombe et, en éclatant, tue le sapeur qui
présidait à ce jeu en enveloppant dans son tablier de cuir la
la tête de celui qui avait la main chaude. Un autre sapeur le
remplace et est frappé de la même manière, enfin un autre
obus vient atteindre mortellement un troisième sapeur : —
Oh! pour le coup, dit un grenadier, voilà une trop grande
consommation de sapeurs, conservons celui-là, il ne peut rien
lui arriver de pis.... On laissa le dernier sapeur tué dans la
position où il était et on continua le jeu sous une pluie de
mitraille et au milieu des éclats des bombes et des obus qui
crevaient de toutes parts, mais qui n'atteignaient plus personne. Il n'est au monde que des Français pour railler ainsi
la destruction et pour rire même en face de la mort!

rivage une grande quantité de sacs que la mer y
avait rejetés. On les ouvre et qu'y découvre-t-on ?
des cadavres de grenadiers attachés ensemble. L'infâme Djezzar avait fait lier et coudre deux à deux
dans ces sacs les prisonniers français, au nombre de
plus de quatre cents, qu'il avait en son pouvoir. Et
c'était en présence d'un peuple civilisé, qu'un semblable forfait avait été commis !

« Nations, qui savez allier avec les droits de la
» guerre ceux de l'honneur et de l'humanité, dit le
» général Berthier dans son rapport sur l'expédition
» de Syrie, si les évènemens vous eussent forcés
» d'unir vos drapeaux avec ceux d'un Djezzar, j'en
» appelle à votre magnanimité, vous n'eussiez jamais
» souffert qu'un barbare les souillât par de pareilles
» atrocités, vous l'eussiez contraint de se soumettre
» aux principes d'honneur et d'humanité que pro-
» fessent tous les peuples civilisés. »

Les tranchées avaient été ouvertes au son de
toutes les musiques des régiments ; les assauts
étaient donnés au milieu de l'hilarité générale, et ni
l'explosion des mines que l'ennemi creusait sous
nos pas, ni le fracas de nos propres mines ne par-
vinrent à attiédir cette fougueuse valeur que re-
trempa sans cesse la gaîté nationale.

L'assaut du 24 avril, sur lequel le général en chef
fondait de grandes espérances ne réussit pas. Trente
grenadiers pourtant, au milieu de mille dangers,

6.

arrivèrent sur une tour qui est une des clefs de la défense, mais les Anglais étaient là ou plutôt les matières incendiaires dont ils ont fait une de leurs grandes ressources militaires : les grenadiers sont obligés d'abandonner leur conquête ; la tentative du lendemain 25 avril ne fut pas plus heureuse.

L'assaut du 7 mai devait avoir un tout autre résultat. Bonaparte avait tout combiné, tout préparé pour cette lutte suprême avec les défenseurs mêlés — chrétiens et mahométans — de Saint-Jean-d'Acre ; ses ordres sont mal compris ou mal exécutés ; les deux cents intrépides grenadiers qui forment tête de colonne, pénètrent dans la ville, mais ils ne sont pas soutenus assez vigoureusement, ils rétrogradent ; Lannes se précipite à la brèche et cherche à ramener par son exemple et par ses paroles les soldats indécis ; l'ennemi avait repris ses positions au haut de la brèche et l'effet de la première impulsion n'existait plus. On se battait pourtant corps à corps avec un indicible acharnement ; le général Rambaud est tué, Lannes est blessé. Dans ce moment les Turcs reçoivent des renforts de troupes qu'ils attendaient de l'Ile de Rhodes ; elles sont débarquées sur le champ et prennent part à l'action. Dès cet instant, la retraite est devenue nécessaire et les Français l'effectuent avec honneur, en jonchant encore les chemins qu'ils parcourent de cadavres turcs et anglais.

Un dernier assaut fut encore tenté, mais il prouva

au général en chef que les Anglais avaient mis à
profit les bras de leurs marins et des habitans de la
ville, pour élever de nouveaux ouvrages de défense
qui nécessitaient de nouvelles combinaisons de la
part des assiégeants. Il prit donc la résolution de
lever le siége de Saint-Jean-d'Acre et de retourner en Égypte où le rappelait la saison des débar-
quemens.

Ce fut le 20 mai 1799 que ce siége fut abandonné
après soixante jours de tranchée ouverte.

Le général en chef commença par faire évacuer
ses malades et ses blessés; puis il ordonna de con-
tinuer le feu des mortiers et des canons et d'employer le reste des munitions de siége à raser les
fortifications, le palais Djezzar, les édifices publics.
Les Turcs étonnés de cette recrudescence de feux,
font deux sorties, mais ils sont mitraillés et ramenés
dans leurs places d'armes, la baïonnette dans les
reins. Les magasins, les moissons des environs sont
détruites, et un aqueduc qui conduisait les eaux
dans la ville est anéanti (1).

Bonaparte adressa à ses soldats une proclamation
qui se terminait ainsi : « Soldats, encore quelques

(1) Saint-Jean-d'Acre est l'ancienne Ptolemaïs et la *colonia
Claudia* des Romains. Très florissante sous la domination
romaine, les Sarrasins la démantelèrent pour qu'elle ne servit
pas de refuge aux chrétiens. L'aqueduc détruit par Bonaparte
était l'ouvrage des Romains et avait été restauré par les rois
français de Jérusalem.

» jours et vous aviez l'espoir de prendre le Pacha,
» même au milieu de son palais ; mais, dans cette
» saison, la prise du château d'Acre ne vaut pas la
» perte de quelques jours ; les braves que je devais
» y perdre sont aujourd'hui nécessaires pour des
» opérations plus essentielles. Soldats, nous avons
» une carrière de fatigues et de dangers à parcourir.
» Après avoir mis l'Orient hors d'état de rien faire
» contre nous, *il nous faudra peut-être repousser*
» *les efforts d'une partie de l'Occident.* »

Cette proclamation comme toutes celles émanées
du génie de Bonaparte, est un chef d'œuvre, non
par ce qu'elle dit, mais par ce qu'elle ne dit pas.
La vaste pensée du grand homme s'y fait sentir à
chaque mot comme à chaque réticence.

Le but de Bonaparte avait été évidemment manqué ; mais avec une poignée d'hommes il avait fait
de grandes choses, avec une armée de moins de dix
mille soldats, il avait détruit des armées ottomanes
soutenues par des régimens anglais. C'était une belle
et noble fiche de consolation. D'ailleurs l'Égypte
était là et il pouvait espérer que quelques heureux
secours échappant aux croiseurs, viendraient affer-
mir sa puissance sur la terre des Pharaons, et lui
permettre plus tard de tenter la conquête de l'héri-
ritage des premiers Kalifes.

LE SIÉGE DE GÊNES.

1800.

La défense de Lille au dix-septième siècle, et la défense de Gênes à la fin de ce même siècle suffisent pour immortaliser un homme de guerre. A cent ans de distance, Boufflers et Masséna ont atteint les dernières limites de la gloire militaire, en soutenant avec une opiniatreté héroïque les efforts d'armées formidables dirigées par d'habiles généraux. Aussi la capitulation de Lille comme celle de Gênes, est-elle comparable aux plus nobles victoires, et les noms de Boufflers et de Masséna, loin de perdre un seul rayon de leur auréole guerrière, ont-ils grandi aux yeux de la postérité à mesure que les détails de ces deux grands évènements ont été éclairés, connus et appréciés.

6*.

Masséna enfermé dans Gênes avec quelques régiments désorganisés, avait fait des prodiges comme
administrateur, comme général et comme diplomate.
En face d'une population mécontente, d'une garnison décimée par les maladies et la désertion, d'un
ennemi enflé de ses succès et toujours soutenu par
des renforts et de nombreux approvisionnements ;
lui, manquant de tout, de pain pour ses soldats,
de gargousses pour ses canons, Masséna ne déses-
père ni de son courage ni de ses braves compagnons ;
il se roidit contre les difficultés incessantes qui
croissent pour ainsi dire autour de lui, rétablit
les liens de la discipline, invente chaque jour de
nouvelles ressources, et parvient à force d'intelligence, de talent et de persévérance, à livrer vingt
combats dans lesquels il demeure vainqueur, et à
forcer par des miracles de bravoure et d'intrépidité, l'admiration des généraux Autrichiens et des
amiraux Anglais, qui s'étonnaient de voir Gênes
la superbe, résister si longtemps aux attaques qu'ils
dirigent par terre et par mer contre une garnison
affaiblie et mourant de faim ; mais cette garnison
est électrisée par Masséna, elle est fière de ses
privations et de ses souffrances comme les Autrichiens et les Anglais sont fiers de leurs succès
éphémères et de leur abondance ; elle sait, cette
brave garnison, que la France et le premier consul
ont les yeux sur elle, et que chacun de ses combats

est salué par les cris de reconnaissance de la patrie.

Masséna avait défendu pied à pied les moindres postes ; rassuré du côté de la mer comme du côté de la terre, il s'était rendu redoutable aux ennemis par ses fréquentes sorties, par ses saillies imprévues sur les positions les plus importantes des confédérés. Ses soldats, dans leur indomptable ardeur, ne comptaient plus le nombre de leurs adversaires ; ils les attaquaient tête baissée, et lorsque les munitions venaient à manquer — ce qui n'arrivait que trop souvent — c'était à la bayonnette, c'était à la crosse de fusil qu'on demandait la victoire. Des compagnies de grenadiers faisaient mettre bas les armes à des bataillons entiers d'Autrichiens, et les hardis défenseurs de Gênes, rentraient dans la ville affamée avec leurs prisonniers pour partager avec eux le léger morceau de pain, ou plutôt la composition végétale qu'on décorait du nom de pain, et que la sollicitude du général en chef leur avait préparée à force de soins, de peines et d'application. Masséna n'avait pas seulement à se préoccuper des besoins de son armée ; il avait encore à lutter contre les souffrances, les angoisses, les clameurs d'une population irritable, à laquelle la domination française ne plaisait pas plus que la domination autrichienne. Un jour, pendant qu'une forte partie de la garnison était aux prises avec l'ennemi, quatre mille femmes s'étaient rassemblées dans Gênes, des sonnettes à la main, demandant du pain et la fin de leur maux. Quelques poignées d'argent distribuées à propos dissipèrent cette émeute féminine ; toutefois Masséna comprit dès lors que la tâche la plus difficile pour lui serait, non pas de vaincre l'ennemi dans toutes les rencontres, mais de neutraliser les horribles convulsions d'un peuple aigri par le besoin et par la misère.

Au milieu de la nuit du 17 avril, les vaisseaux anglais et les chaloupes napolitaines commencent à bombarder le quartier de la Mairie. Aux épouvantables explosions qui se succèdent sans relâche, le peuple sort de ses quartiers. La générale bat, mais aucun Gênois ne prend les armes, ce peuple qui juge la situation véritable des Français, et chez lequel les fringales de liberté sont intermittentes comme la fièvre, ce peuple d'ailleurs travaillé sourdement par les émissaires de l'Angleterre, ne veut pas coopérer à une defense qui perpétuerait la famine et la peste dont il est dévoré. Il ne veut donc pas se battre, et ces Gênois qui, sous André Doria, le grand capitaine, ont fait de si grandes choses et ont parfois étonné l'Europe par leur courage, sont dégradés à ce point, qu'ils n'osent pas combattre et mourir pour une indépendance dont ils ne se sentent plus dignes.

Le bombardement finit avec la nuit ; mais le jour amène la sédition. Des groupes nombreux stationnent

sur tous les points de la ville et des orateurs popu-
laires haranguent le peuple. A la première nouvelle
de cette fâcheuse complication, Masséna monte à
cheval, parcourt les différens quartiers de Gênes; son
maintien héroïque, son regard sévère et qui semble
jeter des flammes, fait taire les Cicérons de carrefour, consterne les factieux et impose l'obéissance à
cette populace hargneuse qui, une heure plus tard,
allait peut-être arborer l'étendard de la révolte à la
la voix de ses tribuns payés et nourris par les cabi-
nets étrangers.

Le premier consul Bonaparte avait promis des
secours; mais ces secours n'arrivaient pas. Gênes
pour ainsi dire séparée du monde des vivans par un
étroit blocus, ignorait le résultat de l'expédition que
le général Bonaparte, avait dirigée lui-même à travers
les neiges et les précipices du Mont-Saint-Bernard.
Tout était donc mystère et ténèbres pour Masséna
et pour son armée. Ce qui était malheureusement
trop évident, dit un historien, c'était l'accroissement
des maux de toute espèce, le progrès des maladies,
le nombre effrayant des morts dont la famine semait
les rues; le tableau de la misère, du mécontentement, de la tristesse et du désespoir se manifestait
également sur les visages pâles et abattus des habitans et des soldats.

Sans espoir d'être secouru, touchant au moment
de manquer *absolument* de toute munition, Masséna

se détermina enfin à traiter. Il envoya l'adjudant-
général Andrieux près des généraux ennemis pour
leur porter ses propositions ; mais lord Keith, l'amiral anglais qui ne ressemblait pas au prince Eugène
de Savoie, le vainqueur du maréchal de Boufflers,
répond que la capitulation qu'il offrait était que
*l'armée retournât en France, mais que le général
demeurât prisonnier. Vous valez seul vingt mille
hommes,* écrivit lord Keith à Masséna.

Le général Masséna, déterminé à s'ensevelir sous
les ruines de la ville, plutôt que de consentir à des
choses indignes de la France et de lui, déclara
qu'aucune négociation ne serait désormais suivie si
le mot de *capitulation* devait y être employé. Les
négociations furent reprises dans l'après-midi du
3 juin.

Et ici, pour écrire avec impartialité, il faut consi-
gner une remarque importante. Gênes contenait
encore, malgré la peste et la famine, cent soixante
mille individus qui tous mouraient de faim.

Eh! bien malgré les incitations des émissaires
étrangers qui conseillaient à cette population affamée, en proie à toutes les souffrances imagina-
bles, de massacrer la garnison française plus faible
encore par son état physique que par son état numérique, malgré les sophismes de ces rhéteurs qui
leur représentaient l'abondance fabuleuse des noces
de Gamache succédant à la disette la plus longue et

la plus affreuse, les Gênois ne tentèrent même pas
une révolte un peu sérieuse : ils se retranchaient
dans une résignation pleine de noblesse et leurs
plaintes, quand ils en exhalaient, furent plutôt le
résultat du délire que du raisonnement et de la
haine (1) Il faut ajouter que si les Français n'avaient
pas toutes les sympathies de la noblesse et du peuple
Gênois, les Autrichiens et les Anglais leur étaient
odieux.

Les principaux articles du *traité d'évacuation* —
c'est le terme qui fut adopté par Masséna — ayant
été arrêtés, la clôture des conférences fut indiquée
pour le lendemain à midi sur le pont de Conegliano.

Les généraux autrichiens Ott, Saint-Julien et l'a-
miral anglais Keith s'y réunirent à neuf heures du
matin. C'est ici que se révèlent le grand caractère
et la profonde habileté de Masséna , qui n'avait

---

(1) Chose rare ! ce peuple gênois sans argent, sans alimens,
réduit aux plus dures extrémités n'a jamais volé un pain dans
les boulangeries. Quinze mille infortunés sont littéralement
morts d'inanition dans les rues à deux pas des aliments hors
de prix dont ils auraient pu s'emparer pour prolonger leur
existence. A la fin du blocus, le pain se vendait 30 fr. la
livre, et la viande 8 fr. Un négociant de Milan qui avait pu
pénétrer par mer dans la ville et qui avait amené avec lui une
vingtaine de porcs et quelques coqs d'Inde vendit ses porcs
trois mille sept cents francs la pièce, et chacun de ses coqs
cinquante-deux francs. Cet homme, ce marchand sensible
comme ses pareils ne daigna pas, après de si cruels et si gros
bénéfices, donner à de malheureux matelots gênois qui
l'avaient piloté dans le port, les restes d'un repas qu'il avait
fait à bord de leur barque avec des amis. L'histoire n'a
malheureusement pas conservé le nom de cet homme.

encore que le glorieux surnom *d'enfant chéri de la victoire*, et qui sut conquérir dans cette conférence fameuse, les titres les plus incontestables à la suprématie diplomatique. D'un coup-d'œil il juge les généraux ennemis, devine leurs intentions, pénètre leurs sentimens, et bien édifié sur ces divers élémens psychologiques, il dresse contr'eux ses batteries avec autant d'intelligence que d'à-propos. Instruit que les Anglais adressaient aux Autrichiens les reproches les plus amers sur la longueur du siége et lord Keith répétant sans cesse à Masséna :

— « Monsieur le général, votre défense est trop » héroïque pour que l'on puisse rien vous refuser. »

— « Monsieur l'amiral, répond finement celui-ci, » laissez arriver un peu de blé à Gênes, et je vous » réponds que ces Messieurs, ajouta t-il en montrant » les généraux autrichiens, n'y mettront jamais les » pieds. »

Masséna veut emmener avec lui cinq corsaires français qui se trouvaient dans le port de Gênes, lord Keith s'y oppose, en alléguant les dispositions d'un bill *que vous n'êtes pas tenu de connaître,* dit-il au général de l'armée française, *mais que je suis obligé de respecter.* « D'ailleurs, monsieur le gé- » néral, nous avons vous le savez, un parlement » et deux partis en Angleterre, les Whigs et les » Tories ; le moyen de se concilier les deux frac- » tions de la représentation législative, si ce n'est

» l'obéissance aux ordres et aux instructions reçus ?»

Ce raisonnement était trop solide pour qu'on osât le détruire ; l'habile Masséna n'y répondit que par une plaisanterie qui renfermait un éloge à l'adresse de l'amiral anglais :

— « Monsieur l'Amiral, fit-il, quelle satisfaction
» la prise de quelques chétifs corsaires peut-elle
» ajouter pour vous à la prise de Gênes qui est
» votre ouvrage? Allons, mylord, après nous avoir
» enlevé tous les gros, c'est bien le moins que vous
» nous laissiez les petits. »

Cette délicate flatterie porta coup :

— « Eh ! bien, Monsieur, répliqua lord Keith,
» qu'il soit fait ainsi que vous le désirez ; gardez
» vos petits corsaires et n'en parlons plus. »

En stipulant les intérêts de son pays et de sa gloire, Masséna n'abandonnait pas la cause des peuples de la Ligurie qui avaient souffert des calamités sans nombre avec tant d'héroïsme et de résignation. Il parla chaleureusement en faveur de cette république à la bavette. Comme il insistait principalement sur un point relatif au gouvernement de la Ligurie, le général autrichien Saint-Julien lui objecta des instructions de l'Empereur sur les changemens à y opérer.

— « Eh ! bien, Monsieur, repartit Masséna, vos
» opérations seront aussi solides que votre projet
» a été prématuré; je vous donne ma parole d'hon-

» neur qu'avant vingt jours je suis devant Gênes.

— » Vous verrez, monsieur le général, répond
» aussitôt le général Ott avec courtoisie, des hommes
» auxquels vous aurez appris à la défendre. »

Une question secondaire faillit rompre la conférence et renverser tous les prolégomènes d'accom-
modement. Il s'agissait de faire partir huit mille
hommes de troupes françaises par terre. Le général
Ott refusa d'accéder à ce vœu. Masséna reprit alors
toute l'indomptable fierté de son caractère qui convenait si bien à sa gloire et à son nom, et se levant
avec vivacité de son siège :

— « Vous ne le voulez pas, s'écria-t-il, eh! bien
» Messieurs, à demain! »

Cette magnifique parole qui était une menace et
un défi, produisit son effet. On rappela Masséna qui
avait déjà soulevé la portière de brocard séparant le
cabinet où se trouvaient les généraux, du salon où
les attendaient leurs états-majors, et on lui accorda
ce qu'il avait exigé avec tant d'audace et d'autorité.

Certes cette convention, que le premier consul
Bonaparte qualifia à juste titre du nom de victoire,
était belle et honorable, mais elle ne satisfaisait pas
Masséna. Sortir de Gênes en conservant son armée,
son artillerie, ses munitions, faire reconduire le tout
en France aux dépens des Anglais, avoir garanti la
sûreté des Génois et des Italiens, partisans de la
France, en stipulant que personne ne pourrait être

molesté pour ses opinions, c'était certes un résultat
splendide et inespéré. Et pourtant Masséna ne signa
le traité qu'à la nuit, après avoir répété vingt fois
aux Génois :

— « Malheureux ! sauvez donc encore votre pa-
» trie ! Donnez-moi où assurez-moi des vivres pour
» quatre ou cinq jours seulement et je déchire le
» traité. »

Soit lassitude de souffrance, soit abaissement du
sens moral et patriotique, les Génois restèrent
sourds à ces vaillantes et nobles exhortations du
général Français. L'ombre de Doria lui-même n'aurait pu parvenir à galvaniser ces masses inertes qui
n'avaient plus d'hommes que l'apparence.

Masséna signa enfin le traité à sept heures du soir,
et à sept heures et demie l'abondance revint comme
par enchantement dans la ville. Les Génois sou-
pèrent et les sons enroués de la guitare succédèrent
aux décharges meurtrières de l'artillerie et aux
accens funèbres du désespoir et de la faim.

Les clauses du traité furent exécutées loyalement :
la France reconquit plus de dix mille braves éprou-
vés par tout ce que l'humanité peut subir de fléaux
accumulés. Masséna s'acquit un sublime titre de
gloire; en effet, soutenir, pendant *soixante jours,* un
blocus rigoureux avec une troupe défectueuse par le
nombre ; balayer autour de soi un ennemi nombreux
et brave, sans munitions et sans pain ; substanter

une armée avec des ressources nulles et sans l'ombre même d'un magasin, voilà un problême qu'il était donné au seul Masséna de résoudre.

Onze jours après, Bonaparte vainqueur à Marengo, stipulait l'évacuation de Gênes par les troupes autrichiennes, et le général Suchet y rentrait le 24 juin 1800, au grand contentement des Génois, restaurés, rassurés et républicanisés.

—

SIÉGE DE DANTZICK.

1807.

Depuis Vauban et Cohorn, un siége, si difficile qu'il soit, peut se comparer à une partie d'échecs. La marche des pièces sur un échiquier est connue d'avance; les pions, les fous, les tours, les cavaliers, les rois et les reines suivent fatalement la marche que la science de Philidor leur affecte. Ce pion périra un peu plutôt, un peu plus tard, cette tour sera prise maintenant ou tout à l'heure, ce cavalier, ce fou feront des pointes plus ou moins heureuses, plus ou moins hardies, la reine sera, sous les yeux de son royal époux, confisquée par quelque malheureux pion habilement dirigé, le roi enfin sera *échec et mât*. Toutes ces aventures, toutes ces péripéties, tous ces épisodes grotesquement funestes ou joyeusement lamentables, sont prévus, calculés, attendus, presque mesurés et prédits. Tout s'enchaîne et se succède mathématiquement dans une partie d'échecs, et une galerie, ne serait-elle composée que de médiocres amateurs de ce jeu, (1) vous prédira, à peu d'heures près, la perte d'une partie, le désarroi d'un joueur, la chûte d'un roi d'ivoire ou d'ébène.

(1) Philidor, le célébre joueur d'échecs du dix-huitième siècle, avait un portier qui le suivait partout, au café Manoury sur le quai de l'École, au café de la Régence sur la place du Palais-Royal, au café Procope rue de l'Ancienne-Comédie. Ce portier, à force d'admirer son locataire, était parvenu à saisir à peu près la stratégie des échecs. Il arriva que Philidor, atteint d'une grave indisposition, fut obligé de garder la chambre. Comme il se plaignait amèrement de ne pouvoir faire sa partie habituelle, le portier lui dit : — Si Monsieur veut le permettre, j'aurai l'honneur d'être son adversaire. Philidor le regarde d'un air étonné et lui demande s'il sait pousser un pion. — Je le pense, Monsieur, répond le portier. On apporte un échiquier, et voilà le grand Philidor, le roi des échecs, aux prises avec le cerbère; mais qui fut bien stupéfait? ce fut Philidor quand il s'aperçut que son valet était d'une force très respectable. Philidor le gagna, mais la partie dura trois jours. — Eh ! qui diable vous a rendu si habile à ce jeu, quel est votre maître, fit l'illustre échiquiste? — C'est vous, Monsieur, répondit le portier avec modestie, et il raconta alors à Philidor qu'il le suivait incognito depuis dix ans dans tous les lieux où il signalait sa science et où il remportait ses victoires. — C'est bien, répartit Philidor, il ne sera pas dit qu'un homme que Philidor a mis trois jours à gagner, restera portier toute sa vie. Dès ce moment tu ne l'es plus et le cordon sera l'apanage d'un autre *pontife*. Ce portier était savetier et on sait que les savetiers sont aussi appelés pontifes en l'honneur d'un certain Humbert, savetier de Paris au treizième siècle, qui fit rebâtir à ses frais une partie du Petit Pont entraîné par les eaux. (*Pontes facere, pontifex*, faiseur de pont.) En effet Philidor fit obtenir à cet homme une place fort honorable et fort lucrative dans les fermes-générales.

Il en est de même d'un siége. Les politiques et les gobe-mouches, sans être des Césars, vous prophétisent et vous expliquent toutes ses vicissitudes. L'abbé de Vertot (1) et l'abbé *Trente mille hommes* de l'arbre de Cracovie (2) ne se sont jamais trompés sur ce chapitre. L'un inventait les siéges qu'il décri-

(1) Lorsque l'abbé de Vertot écrivait son *Histoire de Malte,* il arrivait que les matériaux envoyés par la grande maîtrise de l'ordre se faisaient souvent attendre. Vertot allait toujours et quand les documents qu'il avait réclamés lui parvenaient, il était souvent trop tard — Tant pis, s'écriait le spirituel abbé, mon siége est fait ! L'ouvrage de Vertot n'en est pas plus mauvais, et les siéges inventés par lui ne déparent pas les autres, parcequ'un écrivain supérieur sait combiner le possible, quand il a d'ailleurs des notions exactes sur la science qu'il interprète et sur les évènemens qu'il retrace.

(2) L'arbre de Cracovie était un arbre de la Petite-Provence, partie basse du jardin des Tuileries, ainsi nommée parce que le massif de la terrasse des Feuillans l'abrite des vents du nord et y fait converger les rayons du soleil pendant l'hiver. C'est la promenade de prédilection des vieillards. L'arbre de Cracovie était le rendez-vous des nouvellistes, et un certain abbé se faisait remarquer entre tous les autres discoureurs par son imperturbable sang-froid et son aplomb pour raisonner les affaires de la guerre — c'était pendant la guerre de sept ans. — Il blâmait les généraux, réformait les plans de campagne et critiquait telle ou telle manœuvre qui ne lui semblait pas rationnelle. Il disait qu'avec trente mille hommes, il se chargerait de mâter l'Europe. Tant il y a que le surnom lui resta et que l'abbé *Trente mille hommes* eut une réputation européenne ; et telle est la stupide admiration du monde pour ce qui est original, que des nouvellistes riches, ses auditeurs, lui firent des legs considérables, et qu'un lord, pair de la Grande-Bretagne, lui laissa par testament trois mille livres sterlings (75,000 fr.) en le désignant sous le nom d'*abbé Trente mille hommes.* On ne se trompa pas sur l'identité.

vait dans son *Histoire de Malte,* comme M. Thiers a
inventé depuis, dans son *Histoire de la révolution
française,* les victoires remportées par les *Sans-
culottes;* l'autre, du siége de Belgrade au siége de
Prague, n'a pas erré un seul instant sur les délais
probables d'une défense et sur la réddition inévitable
d'une garnison aux abois, qu'elle eût été Turque,
Moscovite, Hongroise ou Iroquoise.

Nous avons déjà dit que la direction supérieure
d'un siége n'impliquait pas pour celui qui était
chargé de cette difficile et périlleuse opération, les
connaissances mathématiques et stratégiques nécessaires ; un chef d'état-major actif et vigilant, des
officiers du génie et de l'artillerie instruits et braves,
voilà les éléments principaux d'une armée assiégeante. Celui qui a le commandement nominal des
opérations du siége n'a qu'un rôle absolument de
parade.

C'est en vertu de ce principe connu et pratiqué
depuis trois siècles, que Napoléon confia les importans travaux du siége de Dantzick au maréchal
Lefèvre, vers la fin de la campagne de 1807. Lefèvre
était un ancien garde-française fort brave, et dont
la carrière militaire avait été remplie par des faits
d'armes où l'intrépidité du soldat avait beaucoup
plus brillé que le talent du capitaine et du manœu-
vrier ; du reste tout-à-fait étranger, nous ne dirons
pas à la science, mais à la capacité militaire. L'em-

pereur aimait Lefèvre, il n'avait point oublié ses
services au 18 brumaire ; il voulait au bout de sept
années, couronner les cheveux gris de ce vaillant
soldat d'une couronne ducale qui s'alliât avec le
bâton républicanisé du maréchalat. Ce fut dans
cette vue que Napoléon, pour trouver un prétexte à
une promotion nobiliaire, voulut confier à Lefèvre le
commandement du siége de Dantzick.

Au surplus, Lefèvre allait avoir pour adversaire
un vétéran illustre des guerres de l'Allemagne. Le
feld-maréchal Kalkreuth commandait dans la place
de Dantzick. Égaux en courage et en intrépidité,
sinon en science et en coup-d'œil militaire, les deux
nobles vieillards, jetés dans des camps différents,
allaient offrir au monde le glorieux spectacle de deux
héros prêts à descendre dans la tombe, léguant à
l'histoire leurs noms illustres, et les hauts faits d'une
bravoure qui avait résisté jusque là aux premières
glaces de l'âge et aux infirmités de la guerre. Non
pas que Kalkreuth et Lefèvre fussent très âgés en
1807, mais douze années de guerre sans répit
amènent chez les plus hardis guerriers une vieillesse
prématurée, et le corps le plus vigoureux s'use
promptement à la fatigue de la victoire et aux insom-
nies du bivouac.

La tranchée devant Dantzick fut ouverte dans la
nuit du 1ᶜʳ au 2 avril 1807. Cette ouverture des
tranchées eut lieu avec les mêmes cérémonies et les

7*.

mêmes solennités que toutes celles du même genre. C'est un lever de rideau qui se fait avec accompagnement de mitraille ; c'est un prologue éternel qui se joue d'une part avec des fascines, des sapes et des mines, de l'autre avec des veilles, des redoublemens de patrouilles, des accroissemens de sentinelles ; des deux côtés, coups de canon et proclamations. L'un est pour étourdir la tête, l'autre pour étourdir le cœur.

Le siége de Dantzick fut un siége allemand et français, c'est-à-dire qu'il fut conduit des deux parts avec le caractère national : d'un côté avec le flegme tout germanique, de l'autre avec une folle et joyeuse ardeur. On se battait loyalement, carrément, noblement, mais il n'y avait point de la part des assiégés ces prodiges de fanatisme patriotique, et de dévoûment, ces fusées volantes de fidélité sombre et terrible qu'on vit en Espagne deux années après. Les Français s'acquittaient de leur tâche avec cette facilité martiale et cette bonne humeur qui ne laissent dans le cœur aucune place à la rage et à l'indignation. On se canonnait, on se mitraillait ; souvent les galeries de la tranchée étaient jonchées de cadavres à la suite des sorties de la garnison, et la baïonnette de chaque soldat s'abreuvait d'un sang généreux ; mais tout cela se faisait sans haine, sans colère, sans grincemens de dents et sans blasphêmes. Allemands et Français se battaient pour accomplir un devoir e' mouraient sans se plaindre, tout heureux d'offrir le sacrifice de leur vie à leur pays et à leur souverain, et presque contens de périr par la main d'un ennemi qu'ils estimaient et qu'ils auraient aimé, si la paix fût venue tout à coup briser les faisceaux derrière lesquels s'abritait l'orgueil national. Oui, entre Fran· çais et Allemands, on se bat, on s'égorge avec humanité, avec courtoisie; ces meurtres nécessaires ne ressemblent en rien à ces hideux combats, à ces massacres impies tels que nous en avons vu dans les mornes de Saint-Domingue, dans les gorges de la Sierra-Morena, dans les roseaux de l'Adige, du Tibre ou de la Brenta.

Comme tous les siéges, celui de Dantzick offrit des épisodes brillans. Sans parler, de la constance et des témoignages réitérés de bravoure des troupes ennemies enfermées dans la place, on essayait à l'extérieur de puissantes diversions pour allanguir les travaux des assiégés ; les corps de l'armée française employés à cette importante opération déployèrent un courage et une intrépidité dont au surplus ils étaient coutumiers. Mille beaux traits de vaillance sont restés ensevelis dans les limbes de l'oubli ou sont morts avec ceux qui en avaient été les héros, mais on ne peut passer sous silence cette étrange et intrépide boutade du capitaine Chambure qui, avec une poignée d'hommes déterminés, s'empare d'une redoute ennemie, encloue les pièces qui l'armaient et jette dans un mortier qu'il a réduit au silence, comme dans une boîte de petite poste, cette singulière missive qu'il adresse au général ennemi : *Le feu de cette batterie m'empêchait de dormir, je suis venu la prendre* !

Les ténèbres qui couvraient la ville et les tranchées de Dantzick n'ont pas empêché de révéler non plus le sang-froid et l'audace du tambour Fraguel qui, surpris dans un boyau de la tranchée par une compagnie de grenadiers ennemis, est sommé de se rendre et ne répond à cette sommation qu'en battant la charge sur sa caisse comme s'il eût été suivi de soldats et en criant : A moi, mes camarades ! en avant ! voici l'ennemi ! Criblé de coups de baïonnette, point de mire de cinquante balles, le brave Fraguel n'est point atteint mortellement, continue de battre la charge, et plus heureux que le généreux chevalier d'Assas, à Clostercamp, il met en fuite l'ennemi et parvient même, à l'aide de la garde de tranchée accourue à son appel, à faire une douzaine de prisonniers. Des traits semblables pullulent dans nos annales militaires, et il faudrait des volumes entiers pour relater seulement les noms de ces héros inconnus et dont la tombe déserte n'est pas même illuminée par le rayon d'un souvenir. Ne serait-ce pas le cas d'ériger un monument collectif à tous ces Cynégire, à tous ces Curtius, à tous ces Bayards de notre époque, comme les Romains avaient bâti un temple aux Dieux inconnus : *Diis ignotis?*

Le vieux maréchal Lefèvre voulut lui aussi payer de sa personne dans les aventures héroïques de ce siége. On avait été jusqu'à ce moment hors d'état d'attaquer avec fruit et de prendre une redoute qu'il importait au système général de posséder. Les renforts attendus par le maréchal arrivés, et l'armée qui opérait pour empêcher ceux de l'ennemi d'entrer dans la place une fois en mesure de commencer ses mouvemens, on résolut de prendre cette redoute. L'épée à la main, le maréchal se mit à la tête de la colonne d'attaque :

— « Mes enfans, dit-il aux soldats, c'est aujour» d'hui mon tour ! »

Et comme ces braves grenadiers s'empressaient d'entourer leur digne chef pour empêcher les balles et la mitraille d'arriver jusqu'à lui :

— « Non, non, mes enfans, s'écrie le vieux lion, » moi aussi je veux combattre ! »

De telles paroles, une si noble opiniâtreté électrisent les soldats ; on se précipite à l'envi sur l'ennemi, la redoute est emportée et ce point stratégique qui était d'une haute importance pour les opérations ultérieures du siége est bientôt couronné par les baïonnettes françaises. Là se produisit un trait de galanterie chevaleresque, charmant et peu connu ! Un porte-aigle qui était arrivé, lui septième, sur la redoute avec son drapeau, incline la hampe

du glorieux étendard tout criblé de mitraille devant
le vieux maréchal. Lefèvre saisit le drapeau et le
plante de ses propres mains sur l'épaulement de la
redoute, toute ruisselante encore du sang de ses
braves défenseurs et de ses hardis conquérans.

La neige qui tomba en abondance les 19, 20 et
21 avril, contraria les travaux des assiégeans, mais
le beau temps étant revenu, les attaques reprirent
avec une nouvelle vigueur sur tous les points à la
fois, et des prodiges de science, de valeur et d'activité signalèrent cette reprise qui parut aux yeux des
juges les plus compétens en matière de siége, l'une
des plus chaudes et des plus ardentes qu'on eût eu
à enregistrer depuis plus d'un siècle dans les fastes
militaires. (Il faut remarquer que le siége de Sarragosse en Espagne n'eut lieu que deux années après,
en 1809).

Le feld-maréchal Kalkreuth à bout de ses munitions et de ses vivres, dégarni d'une forte partie de
sa garnison décimée par les maladies et par le feu
des Français, sollicité par les bourgeois de Dantzick,
l'opulente cité, héritière collatérale et intelligente des
splendeurs marchandes de Venise et de Gênes, qui
craignaient les horribles destins promis à une ville
prise d'assaut, Kalkreuth, disons-nous, ne pouvant
plus compter sur l'armée de secours qui lui avait
été promise, pensa avec raison qu'il avait assez fait
pour l'honneur de son pays et pour sa vieille gloire

militaire ; pendant six semaines, il avait tenu tête à
un ennemi entreprenant, à des troupes rompues en
quelque sorte aux difficultés de la victoire et rem-
plies de la certitude de vaincre, certitude qui exerce
une si puissante influence sur le moral du soldat.
Pendant six semaines, il avait opposé à cent attaques
effroyables le courage calme et froid qui convient à
un gouverneur de place forte du premier ordre;
pendant six semaines, il avait déployé, nuit et jour,
— malgré le poids de l'âge et des blessures — cette
vigilance infatigable, cette bravoure personnelle qui
avait fait jadis de ce guerrier illustre l'un des boulevards vivants de l'Allemagne. Kalkreuth fut donc
autorisé à croire que sans nuire à sa renommée,
sans rétrécir sa couronne de lauriers, il pouvait engager avec le maréchal Lefèvre les préliminaires
d'une capitulation. Il les dressa lui-même et les
envoya par un parlementaire au chef de l'armée
française.

Lefèvre était, comme nous l'avons déjà dit, un
vaillant soldat, un cœur d'or dans un corps d'acier,
mais il n'avait pas dans l'esprit ce tact délicat, cette
aménité martiale qui embellissent la victoire, en ren-
dant moins amères aux vaincus, les tristes déceptions
de la fortune des armes. Il ajouta des conditions
fort dures aux projet de capitulation de Kalkreuth et
modifia brutalement quelques-unes des demandes
légitimes du feld-maréchal.

A la lecture de cette singulière amplification qu'on aurait pu croire tracée avec le glaive barbare de Brennus ou de Vercengetorix, Kalkreuth ne pût maîtriser sa noble douleur de soldat et de citoyen :

— « M. le maréchal Lefèvre est bien dur, s'écria-
» t-il, et il use de ses avantages en homme qui a
» peu médité sur l'inconstance des choses de ce
» monde. Moi aussi, j'ai pris des villes, moi aussi
» j'ai été appellé à accepter ou à rejeter des capi-
» tulations, mais à côté de la voix du devoir, j'ai
» toujours écouté celle de l'humanité et de l'hon-
» neur militaire en général; quand la garnison de
» Mayence (1) m'a demandé à capituler, j'ai accepté
» presque sans changement les articles que son com-
» mandant me soumettait. En agissant ainsi, je
» rendais hommage à de braves soldats dont j'esti-
» mais le rare et intrépide dévoûment et j'honorais

(1) La brave garnison de Mayence fut réduite aux plus excessives et aux plus terribles extrémités. On mangea des animaux immondes, et quand ils manquèrent, on mangea de l'herbe. Aubert Dubayet, l'un des généraux, invita un jour plusieurs de ses amis à dîner parcequ'il avait un chat rôti à leur offrir avec un cordon de vingt-quatre souris. La garnison sortit avec tous les honneurs de la guerre, et pendant qu'elle défilait devant le vainqueur, le roi de Prusse à la tête de ses quatre-vingt mille homme, appelait nominativement les généraux et les chefs de corps, et les félicitait sur leur belle défense. Ce furent ces braves généraux que la Convention et le comité de Salut public surtout voulurent livrer au fer de la guillotine sous prétexte qu'ils avaient été achetés par l'or Anglais. Mourez donc pour une République gouvernée par de pareils hommes !

» en même temps les tendances de notre siècle qui
» sont, ce me semble, à l'amour de l'humanité et à
» l'admiration de tout ce qui est brave et noble,
» fidèle et malheureux. Si M. le maréchal Lefèvre
» persiste dans ses exigences, je déclare ici que je
» m'ensevelirai sous les ruines de Dantzick plutôt
» que de souffrir de si grandes humiliations. Une ville
» riche et florissante de plus disparaîtra de la surface
» de la terre, mais ma conscience n'en sera point
» chargée, et l'Europe, le monde, la postérité jugeront
» qui du général français ou de moi aura barbare-
» ment dépassé les limites d'une légitime défense
» et les bornes d'une noble victoire. »

Ces fermes et romaines paroles du feld-maréchal
Kalkreuth furent rapportées à Lefèvre, qui comprit
alors toute l'injustice de ses exorbitantes prétentions
et tout le danger de se mettre au ban de l'humanité
en poussant à une défense extrême un ennemi qui
s'avouait vaincu. Par une lettre confidentielle au
gouverneur de Dantzick, Lefèvre l'assura de son
estime et de sa bonne volonté à reprendre immédiatement des négociations trop vite interrompues. Les
pourparlers reprirent donc leur cours et après des
conférences quelque peu agitées entre les plénipo-
tentiaires des deux maréchaux, on signa le 24 mai
une capitulation honorable pour les vaincus et avan-
tageuse pour les vainqueurs. Le général Drouet, qui
joignit plus tard à son nom républicain le titre de

comte d'Erlon, fut le plénipotentiaire français, et les généraux Rouquette, Callemberger et Schebatow, furent ceux du feld-maréchal Kalkreuth.

Cette capitulation réunissait toutes les conditions désirables. La France, en prenant possession de Dantzick, gagnait l'une des places les plus fortes de l'Europe, au point de vue militaire, et sous le rapport commercial acquérait l'un des marchés les plus importants du globe. Bien que la réunion d'une partie de la Pologne à la Prusse, ait porté un très grand préjudice au commerce de Dantzick, cette splendide cité, la reine peut-être des villes anséatiques, est par sa situation, par ses richesses séculaires, et surtout par le génie de ses habitans la métropole du négoce de la Baltique. Si Londres qui attire à elle depuis un demi siècle les transactions commerciales des cinq parties du monde, a porté un coup sensible au mouvement du port de Dantzick, on peut affirmer toutefois que ce sommeil ne durera pas, et que le temps n'est pas éloigné, où Dantzick et la mer Baltique, Amsterdam et la Hollande, Venise et l'Adriatique, verront reprendre avec plus d'éclat que jamais les splendeurs de leur navigation et de leur commerce, et orneront leurs couronnes murales, leurs caducées d'or et de fleurs, de tout ce que les Indes feront rejaillir sur l'Europe de trésors, de bienfaits et d'opulentes dépouilles.

Napoléon éprouva une grande joie à la nouvelle de

la prise de Dantzick. Cette ville lui était nécessaire pour étendre son admirable système de *blocus continental*. Dantzick fermait la Baltique aux produits anglais et la Grande-Bretagne se trouvait frustrée par cette importante capture, d'un point d'écoulement considérable pour les marchandises dont elle inondait le continent. Aussi Napoléon ne fit-il aucune objection sur l'esprit et le caractère de la capitulation ; il la ratifia et conféra quatre jours après — le 28 mai — au vieux Lefèvre, le titre pompeux, mais glorieusement acquis de duc de Dantzick.

Le nouveau duc alla remercier l'Empereur, et retourna dans ses foyers goûter un repos que le dévoûment bien plus que l'ambition lui avait fait quitter, et le général Rapp fut nommé gouverneur de Dantzick.

SIÉGE DE SARAGOSSE.

1808-1809.

La guerre d'Espagne inique dans son principe,
funeste dans ses résultats, offre à chaque page de ses
sanglantes annales des actes d'héroïsme mêlés à des
traits de barbarie, des éclairs de magnanimité et de
grandeur unis à des accès de frénésie et de rage
sauvage, des tableaux de miséricorde et de pardon
chrétien, à côté de représailles que les cannibales
seuls jusque là avaient été réduits à exercer contre
leurs semblables. Mais hâtons-nous de le déclarer,
aux Espagnols seuls n'incombent pas ces détestables et odieux dévergondages de la guerre, de la
dévastation et de l'égorgement calculé. Les Français
et leurs alliés — l'Empereur Napoléon avait entraîné en Espagne des Polonais, des Saxons, des

Hollandais, des Suédois et des Italiens — se sont montrés aussi fort cruels. Les Espagnols avaient au moins pour excuse la nécessité de défendre leur religion et leur patrie ; rien ne pouvait justifier les excès de leurs adversaires. Quand les soldats Polonais plongeaient leurs lances dans les entrailles des paysans Aragonais, quand ils pendaient aux arbres des routes de la Galice et de la Catalogne des femmes, des vieillards, des enfants même et des prêtres, ils accomplissaient les forfaits les plus exécrables que jamais armées, même armées de barbares eussent commis. Les farouches soldats de Mahomet II tuèrent bien, pendant trois jours et trois nuits, des hommes, des femmes et des enfants, à la prise de Constantinople en 1453, mais cette boucherie ne dura que trois jours, et la guerre d'Espagne avec ses péripéties de larmes et de sang a duré *sept ans !* sept ans à la honte de l'humanité ! Elle a été pour nos armées la source et le commencement de désastres qui se sont terminés par la bataille de Waterloo et la captivité de Sainte-Hélène.

Saragosse s'était prononcée le 25 mars 1808 contre l'envahissement des Français, contre le nouveau gouvernement et le roi que Napoléon voulait imposer à l'Espagne. Les lieutenans de l'Empereur n'avaient tenu aucun compte de cette espèce de *Pronunciamento*, et avaient continué leurs mouvemens et leurs dispositions stratégiques. Le

10

corps du général Verdier s'avança sur Saragosse et le général envoya un parlementaire avec cette seule proposition qui ne pêchait pas par sa longueur :

UNE CAPITULATION !

Mais il y avait dans Saragosse un homme qui ne le cédait pas au général français en bravoure et en laconisme. Cet homme était Palafox, soldat intrépide, esprit élevé, plein de ressources et d'habileté, administrateur intègre, royaliste aussi dévoué que catholique fervent. Palafox répondit donc aux deux mots de Verdier, par ces trois mots plus expressifs encore :

GUERRA A CUCHILLO (Guerre à mort !).

Verdier vit bien à qui il allait avoir à faire, il prit donc des mesures en conséquence. La place fut étroitement bloquée, d'abord, puis on ouvrit la tranchée, on commença les travaux et on mit en batteries le plus de canons que l'on put, moins pour détruire la ville que pour effrayer les habitans :

— « Ils trembleront au bruit de nos canons » d'Eylau, disait Verdier, ces citadins, ces moines et » ces prêtres. »

Il arriva que ces moines et ces prêtres ne tremblèrent pas du tout, et que la plus héroïque résistance se prépara dans une ville qui jusque là n'avait été connue en Espagne que par l'opulence de son commerce, l'urbanité de ses mœurs et la douceur fière de ses habitans. Le général Verdier ne tarda pas à s'apercevoir qu'il allait se trouver en face d'hommes déterminés à vaincre ou à périr; mais il fut loin encore de se douter de la vigueur et de l'immense énergie que la population d'une ville si paisible d'ordinaire allait lui opposer.

En effet, au signal que donna Palafox, les moines, les prêtres, les séminaristes devinrent des soldats; les bourgeois imitèrent cet exemple et cet élan belliqueux. Quelques officiers instruisirent ces milices improvisées, les religieuses elles-mêmes s'occupèrent dans leurs couvens à faire de la charpie, à préparer des bandes, à carder de la laine pour les matelas des blessés, tandis que les vieux moines et les vieux prêtres auxquels les glaces de l'âge interdisaient le maniement des armes, se firent artificiers, cartouchiers, salpêtriers, et confectionnaient, sur les dalles même du sanctuaire, la poudre, les balles et les gargousses qui devaient servir à défendre la foi et la liberté de l'Espagne. Depuis Pélage, jamais la Péninsule n'avait offert un tableau si guerrier, une mutualité si unanime. Saragosse aura du moins l'éternelle et sainte gloire d'avoir montré la première, l'étendard de la révolte à l'oppression, d'avoir arboré avant toutes les autres villes d'Espagne, non pas le drapeau blafard de la sédition révolutionnaire, mais l'oriflamme sacrée d'un peuple aussi profondé-- ment attaché à son Dieu qu'à ses vieilles institutions, à ses mœurs et à ses croyances.

Enumérer les grandes actions des citoyens de toutes les classes, serait une tâche au-dessus des forces d'un écrivain. Le dévoûment est partout, l'abnégation dans tous les cœurs, l'amour de la patrie dans toutes les âmes. Les prêtres et les moines ne quittent l'exercice du canon et du fusil que pour monter en chaire et y invoquer les sublimes images des Josué, des Judith, des David et des Machabées. Cette mâle et énergique éloquence captive et en- flamme les esprits. Pour les uns, Saragosse est un Hébron, pour les autres, c'est une Béthulie, pour tous, c'est une Jérusalem qui renferme l'arche sainte des destinées religieuses et politiques de l'Espagne. Pendant que les prêtres prophétisent la victoire, au nom du Dieu des armées qui est aussi celui de la justice et du bon droit, le marchand et l'artisan travaillent sans relâche pour les défenseurs de la patrie ; un riche négociant de Saragosse donne quarante mille aunes de drap pour habiller les citoyens pauvres ; les cordonniers de la ville confec- tionnent soixante mille paires de souliers et les moines font extraire des greniers et des caves de leurs couvents, six cents sacs de farine et cent cin- quante muids de vin, pour subvenir à la subsistance des femmes et des enfans de ceux qui vont combattre, de ceux qui vont mourir peut-être pour glorifier la religion et la patrie.

Au milieu de tous ces prêtres qu'enflamme le saint fanatisme de l'indépendance nationale, apparaît en première ligne Iago Sass, l'un des curés de Saragosse ; cet ecclésiastique qui a transformé son presbytère en citadelle et son église en hôpital, verse dix mille réaux — toute sa fortune — dans la caisse patriotique et annonce qu'après avoir donné son argent, son éloquence et son logis, il est prêt encore à donner son sang pour le triomphe de son pays. Palafox l'embrasse, Palafox le comble d'éloges, et comme un si noble dévoûment ne peut avoir qu'une noble réponse, il le fait capitaine de grenadiers et premier chapelain de l'armée.

Le sexe faible ne le cède pas en dévoûment au sexe fort. La comtesse Burita, lève à ses frais une compagnie de femmes qui doivent aller sur les remparts soigner les blessés et porter des vivres et des munitions aux soldats. La femme d'un opulent apothicaire, Dona Juana Aleazar, monte à cheval et suivie de trois fourgons chargés de médicamens, se promène par la ville en assurant ses concitoyens que les secours de la médecine et de la pharmacie leur seront distribués gratis pendant toute la durée du siége. Paola Saavedra Sonara y Reaz, jeune veuve qui possède plus de trente mille réaux de rentes, promet sa

8.

fortune et sa main à l'officier ou soldat aragonais, qui lui apportera un drapeau de l'ennemi ou qui lui amènera prisonnier un général français.

De telles excitations ne manquent jamais leur effet sur le peuple. On se presse, on s'encourage, on s'embrasse, on se félicite mutuellement. La barrière des rangs et des distinctions sociales s'abaisse comme par magie : gentilshommes, bourgeois, négocians, artisans, prêtres, moines, ouvriers et soldats ne forment plus qu'un corps, une âme et un esprit. C'est une collection de citoyens dont l'unique et glorieuse ambition est de repousser la tyrannie ou de mourir libres et loyaux Espagnols.

Malgré ses efforts multipliés, malgré l'incontestable supériorité de ses troupes aguerries et vaillantes sur les soldats des assiégés, malgré ses menaces d'intimidation, Verdier dont les communications commençaient à être interceptées par les Guérillas et dont les pertes grossissaient par des attaques sans succès et par la disette, Verdier songea enfin à la retraite. Après une suprême et dernière tentative pour surprendre et foudroyer les braves Aragonais, il résolut de lever le siége, et il effectua ce mouvement le 15 août, jour de l'Assomption. On dit qu'en apprenant les efforts infructueux de son lieutenant contre la capitale du royaume d'Aragon et surtout en lisant, dans le rapport du maréchal sous les ordres duquel se trouvait la division

Verdier, les détails de ce siége et sa levée le jour même de sa fête officielle, Napoléon manifesta le plus vif mécontentement :

— « Verdier aurait pu choisir un autre jour » pour se retirer de devant une bicoque défendue » par des moines et des bourgeois entêtés, s'écria- » t-il, mais ce n'est que partie remise et j'espère » que malgré la recrudescence de fanatisme, que » cette défense va faire reluire à l'Espagne, que » d'autres généraux s'empareront de cette place » dont on voudrait faire, peut-être, la Jérusalem de » l'Espagne. »

Le second siége ne prouva que trop à l'Empereur, quelle résistance héroïque des prêtres, des bourgeois et des paysans, quand ils sont véritablement animés de la foi religieuse et de la foi patriotique savent opposer à des armées victorieuses, commandées par de hardis et savans généraux. Napoléon qui avait rétabli le catholicisme en France, faisait trop bon marché en Espagne des dévoûmens que la religion inspire, et il avait le tort de juger les Espagnols par les Français. Chez ceux-ci la croyance religieuse est plutôt une occupation de l'esprit qu'un devoir du cœur, chez les autres au contraire elle est essen- tiellement dans le domaine du cœur ; elle se révèle dans les mœurs, dans les caractères, dans les usages dans les plaisirs même ; partout on reconnaît la trace de ses pas, l'empreinte de ses commandemens, dans

le palais des rois aussi bien que dans la chaumière
du village.

———

Saragosse, l'ancienne César - Augusta des Romains, est une grande et belle ville qui fut la
capitale du royaume d'Aragon et qui est encore le
chef-lieu de la province : au commencement du dix-
huitième siècle, son archevêché ne rapportait pas
moins de cent vingt mille livres de rente et elle
possédait un tribunal de l'inquisition. Saragosse
compte un grand nombre de beaux édifices, au
premier rang desquels il faut placer ses deux cathé-
drales, son hôpital général, ses deux arcs de triomphe
romains, le palais de l'inquisition qui sert de citadelle, l'hôtel-de-ville, la maison des *Fueros* ou de la
députation. Sarragosse est bâti sur la rive gauche
de l'Ebre, qu'on passe sur deux beaux ponts ; son
territoire fertile et pittoresque offre tous les avantages du commerce, de l'industrie et de l'agricul-
ture. Par sa situation elle se lie à tous les grands
centres de population de l'Espagne, car elle n'est
qu'à cinquante-trois lieues de Barcelone et à soixante
lieues de Madrid. Ses habitans actifs et vigoureux sont
les plus guerriers et les plus courageux de toute la
Péninsule. On sent tout d'abord que le sang maure
s'est moins mêlé au sang castillan que dans les autres
contrées de l'Espagne. Le type en effet de l'Ibère,

tel que César et Tacite nous le représentent, se trouve
là dans toute sa pureté primitive. Ce sont les mêmes
mœurs, les mêmes goûts, la même fierté modifiée seulement par la religion chrétienne, que du temps des
Romains. On sait les efforts prodigieux que firent les
légions romaines pour vaincre les Ibères et se maintenir dans leur pays. Bien que les circonstances aient
changé, ce peuple retrouve, après deux mille ans,
pour repousser l'invasion de Napoléon, cette audace
et cette énergie qu'il avait opposées jadis aux armées
de Rome.

Napoléon connaissait mieux que personne et appréciait la noble bravoure de ces peuples; les paroles
de dédain qui étaient tombées de ses lèvres étaient
moins l'écho de son opinion consciencieuse que de
sa politique; mais dans le plan qu'il avait adopté
pour subjuguer la Péninsule et pour faire de son
frère Joseph un autre Philippe V, il lui importait de
réduire la capitale de l'Aragon. L'occupation de
cette cité était à ses yeux plus importante que celle
de Madrid. En effet Madrid n'était, comme toutes
les autres capitales de l'Europe, qu'un centre de
populations hétérogènes, sans unité, sans liens, sans
confiance entr'elles, agglomérées par le hasard, occu-
pées par les plaisirs, par les affaires; ce peuple de
Madrid n'offrait qu'une proie trop facile à saisir
pour s'en inquiéter, et la populace seule avait quelque lueur de patriotisme et quelque velléité d'or-

8*.

gueil national ; hors de là, Madrid ne contenait, comme Paris, Londres, Vienne ou Berlin, que des oisifs, des commis, des histrions, des artistes, des savants, des financiers et de bons bourgeois. L'esprit qui régnait à Saragosse, au contraire était l'esprit provincial qui fait la véritable force des royaumes et des états désireux d'échapper aux abimes sanglans de la République. En arborant, la première entre toutes les villes de la Péninsule, le drapeau de la résistance, du devoir et de la fidélité, Saragosse était un enseignement fulgurant pour toute l'Espagne. Le triomphe qu'elle avait obtenu en forçant un général français et des troupes jusque là invincibles à abandonner le blocus de ses murailles, avait eu un immense retentissement dans toutes les provinces. La Catalogne, la Galice, les Asturies, Grenade, Valence, Murcie, le nord et le midi, l'orient et l'occident, tout ce qui portait un cœur, tout ce qui vénérait une croix, tressaillit au bruit des armes aragonaises et bondit de joie à la nouvelle de leurs exploits. Cette noble réponse de Palafox à Verdier : *Combattre et mourir,* avait révélé aux vrais Espagnols le secret de leur force, de leur avenir et de leur dévoûment. Il n'était plus permis à un Espagnol d'ignorer maintenant qu'une sincère union et la justice de la cause qu'il défendait, devaient nécessairement faire pencher la victoire et forcer à son tour l'Empereur des Français, à reconnaître que les

descendans du Cid et de Gonzalve de Cordoue, savaient aussi bien mourir, au dix-neuvième siècle,
pour leur patrie et leur religion que leurs ancêtres
dans les champs de Xérès et de Calatrava.

Napoléon ne négligea rien pour rendre le second
siége de Saragosse plus efficace que le premier. La
déconvenue du général Verdier l'avait trop péniblement et trop profondément contrarié pour que cette
fois il abandonnât à un lieutenant fort brave, à la
vérité, mais fort imprudent, les destinées d'une
attaque qui devait exercer une si grande influence
non seulement sur l'avenir de l'Espagne, mais encore sur la situation de l'armée française dont le
prestige tendait chaque jour à s'affaiblir.

Napoléon donna les ordres les plus positifs pour
que rien ne manquât aux nécessités extraordinaires
de ce siége qui allait probablement marquer d'un
signe sanglant les annales de l'Espagne catholique et
fidèle. Ce n'était plus là ni le siége de Malte, ni le
siége de Toulon ; le siége de Saragosse se présentait sous de plus sombres et de plus augustes auspices.
C'était tout un peuple qui se levait comme un seul
homme pour défendre le sol sacré de la patrie.

Le maréchal Moncey reçut l'ordre d'investir Saragosse avec le troisième corps d'armée peu de jours
après la bataille de Tudela.

Palafox avait mis à profit, avec toute l'activité et
tout le dévoûment dont il était capable, l'intervalle

qui avait séparé les deux attaques des Français. Secondé avec une ardeur toute patriotique par la garnison et les habitants, le général espagnol avait réparé les dégâts occasionnés par le premier siége, élevé de nouveaux ouvrages, creusé de nombreux fossés, et hérissé de canons et d'engins du plus gros calibre les endroits qui offraient à l'ennemi les points les plus abordables. Tous les monuments publics, églises, couvents, séminaires, halles, bourse, hôtels d'administration, furent transformés en forteresses, et les maisons des faubourgs furent crénelées et avitaillées comme des redoutes. Si l'appareil de l'attaque paraissait formidable, les préparatifs de la défense furent splendidement meurtriers. L'*Ubi Troja fuit* que les Grecs entendirent autrefois sur les remparts couchés dans l'herbe de la noble ville de Priam, semblait devoir être la devise future de cette vaillante cité de Saragosse qui se disposait, au milieu des imposantes cérémonies de la religion et des chants patriotiques d'une population généreuse, à défendre jusqu'au dernier soupir ses lois, son culte et son sol contre les agressions d'un conquérant heureux et trop confiant dans sa fortune.

Certes, dans ces ouvrages improvisés par l'honneur national, la science de Vauban n'était peut-être pas suivie avec une complète exactitude et avec une régularité mathématique, mais néanmoins l'ensemble en était imposant. Le palais de l'Inquisition en dehors

de la ville près de la porte *El portillo*, flanqué de
quatre tours bastionnées et entouré d'un bon fossé,
avait été mis en communication avec la place. Le
pont de la Huerba était couvert par une tête de pont
en forme de lunette avec un fossé dont les contres-
carpes étaient défendues par des galeries de mines et
offrait aussi un poste d'une certaine importance. Le
couvent de Saint-Ignace, sur la rive gauche de
l'Ebre, était une véritable citadelle, et la rive droite
du fleuve était couverte de redoutes garnies de canons à profusion. Les mêmes précautions défensives,
le même luxe de résistance avaient été appliqués sur
tous les autres points, selon leur situation et les éventualités des attaques qu'ils auraient à soutenir. Et,
il faut le remarquer ici, tout insuffisant que fût en
cette circonstance l'art des siéges cultivé par les
Espagnols, on ne peut s'empêcher d'admirer la par-
faite concordance que ces ouvrages avaient entr'eux ;
l'instinct était venu en aide au savoir incomplet, et
l'amour de la patrie avait inspiré des choses que les
lumières et l'expérience n'auraient pas trouvé. C'est
qu'il y a des sentiments qui dirigent l'âme et la main
des hommes !

Pour défendre l'énorme circonférence de Saragosse, Palafox se trouvait à la tête de soixante mille
hommes. Dans ce nombre on comptait seulement dix
mille hommes de troupes de ligne ; il y avait en
outre quinze mille paysans bien armés, et autant en

guérillas qui s'étaient au fur et à mesure, depuis quelques mois, repliés sur la ville. A ce chiffre il faut ajouter également tous les citoyens sans distinction d'âge, de rang, d'habit et de métier : prêtres, moines, séminaristes, notaires, médecins, avocats, marchands, financiers, artisans de toute sorte, et ouvriers de tout état. Il n'y avait plus que des Espagnols et des hommes à Saragosse ; les futiles distinctions de la naissance, de la richesse et des professions avaient disparu sans retour. Cent cinquante bouches à feu servies par des hommes intrépides dont le sang-froid et l'audace compensaient l'inexpérience, achevaient le catalogue des forces que les Aragonais devaient opposer à l'armée française.

Du 20 au 21 décembre 1808, on commença les approches, mais la tranchée ne fut ouverte que dans la nuit du 29 au 30 décembre, et le 1er janvier 1809 les Français débouchèrent des parallèles de droite et du centre ; le lendemain, Junot fit sa jonction avec Moncey.

Tandis que Palafox, pour porter au plus haut degré possible l'enthousiasme des assiégés, fabrique des bulletins où les Français sont dépeints comme battus sur tous les points de l'Espagne ; tandis qu'il fait arriver de prétendus courriers qui annoncent le prochain débarquement d'une armée anglaise et l'approche d'un corps considérable d'Espagnols qui vont indubitablement faire lever le siége ; les deux

frères de Palafox recrutent une armée de vingt-cinq
mille hommes qui viennent sinon assiéger les assiégeants dans leurs lignes, du moins les fatiguer par
des attaques incessantes et des escarmouches conti-
nuelles.

Cette diversion toutefois manqua d'avoir les suites
les plus funestes pour les assiégeants. Suchet était
parti avec sa division. La mésintelligence la plus
hargneuse et qui prenait sa source dans des rivalités
de fortune, dans des convoitises de grandeur et de
dignités, dans de ridicules prérogatives d'ancienneté,
énervait la discipline, paralysait tous les efforts et
augmentait les difficultés de la situation. Or, cette
situation s'aggravait sans cesse; les vivres man-
quaient, les munitions commençaient à s'épuiser, et
les guérillas des frères de Palafox interceptaient avec
autant de bonheur que d'audace les convois destinés
aux Français. Le découragement gagnait les officiers
et les soldats, et de sourds murmures indiquaient
assez aux généraux que personne dans l'armée n'était
dupe des fâcheuses dissidences qui s'étaient élevées
entr'eux et qui compromettaient le salut de l'armée,
l'honneur du drapeau, et jusqu'à un certain point la
considération particulière de chacun d'eux.

Ce fut dans ces circonstances que Lannes arriva
investi de pouvoirs extraordinaires conférés par l'Empereur. Il prend le commandement en chef des troisième et cinquième corps, adresse à ses troupes une

proclamation énergique en leur promettant la victoire, et rétablit les liens de la discipline un moment relâchée. A ses fermes paroles les tiraillemens cessent, les rivalités se taisent, et l'espoir rentre dans toutes les âmes comme la confiance dans tous les cœurs.

Suchet se met en campagne pour disperser les partis qui l'infestent, et Mortier reçoit l'ordre d'attaquer l'armée de secours commandée par les frères de Palafox. Paré ainsi sur ses flancs et sur ses derrières, Lannes imprime une nouvelle activité aux travaux du siége, et ils sont poussés avec une telle ardeur que le maréchal se trouve bientôt en mesure d'ordonner l'assaut. Mais ce n'est pas un assaut qu'on donne : dix, quinze, vingt, sont tentés infructueusement ; derrière leurs remparts classiques, les assiégés ont élevé d'autres remparts, et après ceux-ci les maisons crénelées, les rues barricadées, garnies de chevaux de frise, défendues par des fossés et des têtes de pont, opposent aux colonnes d'attaque qui veulent s'élancer dans la ville autant de redoutes qui vomissent, avec la poudre et le salpêtre, des flots de poix et de bitume, des ondes d'huiles bouillantes dont les atteintes sont plus cruelles et plus douloureuses que les morsures des baïonnettes et des boulets.

Lannes qui se connaît en courage militaire ne peut s'empêcher d'admirer une si vaillante, une si héroïque défense :

« — C'est Saint-Jean-d'Acre en grand, s'écrie-
» t-il, et plus intrépides que ces coquins de Turcs, les
» Aragonais n'ont point avec eux des Anglais pour
» les exciter au courage, et pour pointer leurs ca-
» nons. »

Cependant, malgré des pertes énormes, les Français animés par les brèves et chaleureuses paroles du
vainqueur de Rivoli, avançaient toujours, quoique
lentement, dans le cœur de la ville. Des bataillons
détruits étaient remplacés par des bataillons nouveaux, et les cadavres amoncelés dans certaines rues,
pendant cette longue boucherie, montaient du sol
jusqu'au-dessus du premier étage. L'artillerie pourtant ne cessait pas de jouer, et bien que ces assauts
fussent pour ainsi dire perpétuels, la voix du canon
ne semblait pas se ralentir.

Palafox avait fait assez pour sa gloire ; Saragosse
assez pour la patrie et pour la liberté. La fidélité a des
bornes, et c'est la religion et l'humanité qui doivent
les poser. Il fallait sauver les derniers enfants de
cette noble cité, il fallait arracher à la brutale égalité
du canon, de beaux monuments qui font l'orgueil de
l'Espagne. D'ailleurs dix mille citoyens tués sur la
brèche, un nombre à peu près égal de troupes de
ligne et de paysans frappés par la baïonnette ou par
l'obus français, étaient un assez bel holocauste offert
sur l'autel de la patrie. Palafox songea à capituler.

Dans la soirée du 19 février, un aide-de-camp du

général espagnol se présenta en parlementaire aux avant-postes français. Cet officier était porteur de propositions écrites par Palafox et rédigées en commun avec la Junte de Saragosse. Lannes rejeta ces conditions, et l'aide-de-camp repartit, non sans adresser au maréchal ces paroles, qui acquièrent un parfum d'héroïsme dans la bouche d'un soldat de Saragosse :

« — Monsieur le maréchal, vous rejetez les pro-
» positions de mon général, vous en êtes le maître ;
» mais peut-être devriez-vous vous rappeler que cette
» défense, qu'en vain vous flétrissez de fanatique, est
» une pure et noble défense qu'un ancien et illustre
» soldat républicain, tel que vous, devrait savoir ap-
» précier. Monsieur le maréchal, je ne me permettrai
» que d'ajouter un mot : Lorsque le prince Eugène
» fut sur le point d'entrer dans Lille, après un siége
» long et pénible, il laissa au maréchal de Boufflers,
» qui l'avait défendue si glorieusement, le soin de
» dresser les articles de la capitulation. »

Lannes était un brillant et intrépide soldat ; il était aussi un hardi et expérimenté capitaine ; mais il était fort peu clerc et n'avait jamais probablement entendu parler du fils de la comtesse de Soissons (le prince Eugène), ni du maréchal de Boufflers ; il ne répondit rien à ce reproche rétrospectif et tint bon en disant que les propositions ne sauraient convenir ni à l'Empereur, ni à lui.

Dès le lendemain les Français redoublèrent leurs attaques et s'étendirent dans la ville qui ne présentait en beaucoup d'endroits que des ruines, des monceaux de cendres et de débris humains ; les assiégés tentèrent un dernier et suprême effort : il fut vain. Le Dieu des batailles, le Dieu de l'Espagne abandonnait un instant les légions héroïques qui combattaient pour sa loi.

A quatre heures du soir, la Junte — en dehors du général Palafox qui ne voulait plus s'exposer aux refus du maréchal Lannes — envoya une députation au général en chef, et le feu cessa immédiatement.

Le 21 février, en vertu de la convention arrêtée et conclue entre Lannes et la Junte, la garnison de Saragosse défila hors de la place et mit bas les armes. Les Français y entrèrent aussitôt et y commirent peu d'excès, bien que la ville se fût rendue à discrétion, comme Lannes l'avait exigé.

Ainsi finit ce terrible épisode de la funeste et triste guerre d'Espagne. Saragosse avait subi cinquante-deux jours de tranchée ouverte, dont vingt-neuf pour entrer dans la place, et vingt-trois de *combats de maison en maison.*

Peindre l'aspect de cette cité, naguères si florissante, lors de l'entrée des Français, serait une tâche impossible. Des ruines, des cadavres partout, la dévastation, la désolation, l'agonie à chaque angle de carrefour, à chaque coin de rue. Le sang coulant avec les eaux bourbeuses des citernes épuisées; des tombeaux violés par les bombes; des berceaux foudroyés par les boulets et servant de sépulture à leurs innocents habitants! Partout le deuil et la mort dans leurs atours les plus funèbres et les plus abominables. Jamais la fureur humaine n'avait été poussée si loin.

Les bulletins français évaluèrent à *cinquante mille* le nombre des tués du côté des assiégés, et celui des assiégeants à *trois mille* seulement.

Le lendemain on chanta un *Te Deum* d'actions de grâces dans l'église de Notre-Dame-del-Pilar, en présence des maréchaux Lannes et Mortier, de quelques compagnies de grenadiers, la baïonnette au bout du fusil, et d'une poignée d'habitants de Saragosse.

De ces deux vainqueurs de Saragosse, l'un fut tué quelques années après à la bataille d'Essling, l'autre tomba sur le pavé du boulevard du Temple, sous les coups de l'assassin Fieschi !

SIÉGE D'ANVERS.

1832.

La révolution de 1830 faite, disait-on alors, en haine des traités de 1815, fut pour tous les peuples de l'Europe un prétexte de sédition, d'émeute ou de désordre. La France assez semblable au ménétrier de la fable, excitait par les accords rocailleux de son violon démocratique, les nations voisines, à exécuter pour la centième fois la sarabande de l'insurrection, qualifiée par le vieux Lafayette, du *plus saint des devoirs.*

Un peuple brave, mais d'une force numérique peu redoutable, peut-être aussi à l'instigation du cabinet britannique qui, depuis Guillaume III, cherchait à affaiblir et à humilier la Hollande, voulut

contrefaire la révolution de Paris, et échapper ainsi
par l'insurrection à une longue et douloureuse oppression. Grâce à l'Angleterre de concert avec la
France, le divorce de la Hollande et de la Belgique
s'effectua par voie diplomatique le plus galamment
du monde ; mais il y avait dans le fonds de cette
affaire deux difficultés à résoudre : la question du
Limbourg et la possession d'Anvers.

Nous ne nous occuperons pas de la première de
ces deux questions, nous parlerons seulement de la
seconde qui rentre dans notre sujet.

Anvers (Antuerpia en basse-latinité) était l'une
des plus riches villes du monde, et peut-être la plus
splendide et la plus magnifique cité des Pays-Bas.
Amsterdam, à dater du traité de Munster, lui enleva
bien une partie de sa valeur commerciale ; mais
Anvers résista glorieusement à cette déchéance forcée et reconquit avec les beaux-arts tout ce qu'elle
avait perdu du côté du négoce. Ses édifices publics au
nombre de plus de deux cents, sont tous marqués
au coin de la magnificence, de la grandeur et de
l'utilité. Sa cathédrale est un ouvrage merveilleux. Ses rues sont larges et aérées, — ses
quais pittoresques, — ses places publiques dignes
d'Athènes et de Rome. Les habitans d'Anvers sont
en général les hommes les plus polis, les plus éclairés
et, socialement parlant, les plus aimables du Brabant. Anvers fut la patrie d'Ortelius, de Grammaye,

de Gruter, de Baccarelles, de Gérard Edelinck, de Van-Dick, de Téniers et de Rubens (1). Ce fut dans cette ville que ce grand peintre Rubens, qui avait été tour-à-tour ou plutôt à la fois, artiste, théologien, architecte, statuaire et ambassadeur, fixa sa résidence dans une maison ou, pour mieux dire, dans un palais magnifique, que les étrangers visitent encore aujourd'hui avec respect et avec admiration. Rubens en a été l'architecte et le décorateur; après l'avoir orné de ses éminens tableaux, il en fit le rendez-vous des arts, des sciences et des lettres, en y recevant les étrangers que les ressources de son génie et sa royale hospitalité attiraient dans la noble cité du Brabant.

La glorieuse ville d'Anvers a soutenu huit siéges depuis la fin du seizième siècle jusqu'au milieu du dix-neuvième. En 1576, les Espagnols la subju-guèrent; en 1583; les Anversois résistent à un coup

(1) Ortelius, né à Anvers en 1527, était un profond mathé-maticien et un savant géographe. — Grammaye, prévôt d'Arnheim, historiographe des Bays-Bas et intrépide voya-geur, né à la fin du seizième siècle. — Gruter, philosophe illustre, né en 1560. Catherine Rishen, sa mère, Anglaise de naissance, était une des plus savantes femmes de son temps et fut le seul maître de son fils. — Edelinck, célèbre graveur, vint en France et fut attaché au cabinet de Louis XIV, puis nommé membre de l'Académie royale de peinture. — Bacca-relles, Téniers, Van-Dick et Rubens étaient des peintres illustres que tout le monde connaît et dont les toiles se trouvent dans tous les musées de l'univers. Baccarelles excel-lait dans le paysage, Téniers dans les scènes burlesques, Van-Dick dans le portrait, et Rubens... dans l'épopée pictu-rale, fut l'Homère de la palette.

de main tenté par les Français; l'année suivante, le prince de Parme les assiége et au bout de plusieurs mois, il se rend maître de la ville. En 1646, lors de la conquête de la Flandre par le maréchal de Saxe, le marquis de Brézé se présente devant Anvers et s'en fait ouvrir les portes; la citadelle se rendit peu après au prince de Clermont. Louis XV y fit son entrée, la garda deux ans et la restitua à l'Autriche par le traité de 1748. En 1792, le général Labourdonnaye parut devant les murs d'Anvers, et les magistrats vinrent lui apporter les clefs de la ville. Peu de temps après, Miranda fit capituler les Autrichiens qui s'étaient refugiés dans la citadelle et qui se rendirent après cinq jours de tranchée. Cette place rentra au pouvoir des Impériaux, le 30 mars suivant, et le général Marassé qui y commandait obtint une honorable capitulation, qui sauva dix mille Français, coupés de l'armée de Dumouriez. Les Anglais qui s'étaient glissés à Anvers lors de la perte de la Belgique en 1792, l'évacuèrent le 13 juillet 1794 à l'approche de l'armée française du Nord, qui y entra le lendemain. C'est à dater de cette époque qu'Anvers fut réunie à la France et cela dura jusqu'en 1814. Napoléon Bonaparte, devenu Empereur, dépensa ou fit dépenser des millions pour agrandir et créer les bassins et le port d'Anvers, qui devint l'une des plus fortes, des plus riches villes de l'Empire français.

En 1813, Carnot avec moins de six mille hommes
s'enferma dans Anvers, et déclara à l'Empereur qu'il
se faisait fort de résister deux ans aux attaques des
alliés.

— « Allez, dit Napoléon, je vous confie l'une des
» principales cités de l'Empire ; sauvez-la des mains
» de l'étranger, elle a coûté des trésors à la France
» et ces trésors doivent être disputés avec vigueur à
» nos ennemis. Hélas! ajouta Napoléon, comme
» frappé d'un sinistre pressentiment, l'Angleterre
» serait bien satisfaite de ravir Anvers à la France,
» ou du moins de nous en chasser..... Faites tour-
» ner, Carnot, à la honte de nos ennemis ces détes-
» tables prétentions du cabinet de Saint-James. An-
» vers est déjà une ville française et le patriotisme
» de ses habitans me fait présager que vous n'aurez
» qu'à combattre les ennemis du dehors et que vous
» ne trouverez que des citoyens et des Français
» fidèles au dedans. »

Carnot tint sa promesse : Anvers fut défendu par
lui avec le talent de Vauban, la loyauté de Bayard
et l'intrépidité du grand Condé. Carnot fut l'honneur du parti républicain.

Pendant ce siége, le noble caractère de Carnot se
révéla en deux circonstances importantes. Quant à
ses talens de général et d'administrateur intègre, ils
se divulguaient chaque jour, à chaque heure de

9*.

cette longue et mémorable défense. Voici ces deux faits que nous sommes heureux de signaler, non-seulement pour la gloire de Carnot, mais pour l'honneur de notre pays:

Bernadotte — alors prince royal de Suède — qui était l'un des chefs de l'armée de siége, voulut entamer des négociations avec le gouverneur d'Anvers, et, invoquant leur ancienne confraternité militaire, essayait dans une longue lettre, d'engager Carnot à faire cause commune avec les ennemis de la France et de Napoléon. Carnot qui n'avait rien voulu accepter dans la première période de l'Empire et qui avait constamment refusé des emplois lucratifs, des dignités, des honneurs et de l'argent, Carnot qui n'avait ressaisi son épée que pour défendre la patrie déjà envahie par l'étranger, et l'Empereur trahi par la fortune des armes, Carnot lut avec dégoût la loquace missive de ce fils ambitieux d'une fruitière béarnaise, de ce Bernadotte qui gorgé d'or comme tous les maréchaux de sa promotion, accablé de bienfaits et de dignités par Napoléon dans tout l'éclat de sa puissance, payait plus tard par la trahison ou, si l'on veut, par l'abandon et par la défection, son bienfaiteur et sa patrie qui lui avaient frayé un chemin vers le trône de Suède.

Il ne convenait pas à la loyauté de Carnot de réfuter les étranges raisonnemens contenus dans la dépêche du prince de Ponte-Corvo, il se borna à tracer ces mots sur la marge même de la missive du Coriolan couronné :

« J'étais l'ami du général français Bernadotte, mais
» je suis l'ennemi du prince étranger, qui tourne ses
» armes contre ma patrie qui est aussi la sienne. »

Le gouverneur d'Anvers,

CARNOT.

Au nom de l'Empereur, Carnot avait défendu Anvers; lorsque l'abdication de Fontainebleau vint délier de ses sermens de fidélité ce généreux champion du bon droit. Quitte envers Napoléon, Carnot ne se regarda pas encore comme quitte envers son pays, il défendit Anvers pour la France et ne rendit cette place que sur les ordres réitérés des ministres de Louis XVIII. C'est ici qu'il faut placer le second trait dont nous avons parlé plus haut. Quelque soit notre désir de ne pas réveiller de vieilles animosités, au moment surtout où l'entente la plus cordiale règne entre nos alliés et nous, il nous est impossible de passer sous silence des faits acquis à l'histoire.

Les Anglais guettaient Anvers avec un œil de convoitise; ils voyaient les troupes coalisées, les généraux russes, prussiens, autrichiens, hollandais, bavarois, saxons, suédois et autres, sur le point d'entrer dans Anvers et cela les inquiétait. Pour le moment ils auraient vivement désiré qu'un corps

d'armée anglais entrât *seul* dans ces remparts si
longtemps convoités ; mais il était difficile de tran-
siger sur ce point avec des généraux prussiens et
autrichiens qui, malgré leur déférence pour l'Angleterre, ne consentiraient pas, eux qui avaient
bravé avec leurs soldats les canons meurtriers de la
place, à ne point entrer dans la belle cité d'Anvers
et à rester comme Moïse au seuil de la terre promise. Mais les Anglais ne se rebutent pas devant les
difficultés et ils trouvent toujours moyen de les
tourner. Ils savent que Carnot est pauvre, ils savent
que Carnot est régicide, c'est-à-dire, qu'il a voté la
mort du malheureux Louis XVI. Les Anglais donc
bâtissent sur la pauvreté, sur la position exception-
nelle, sur la simplicité de Carnot (1) une combinaison qui aurait réussi avec tout autre gouverneur
de place forte, sans entacher ni sa délicatesse, ni son
honneur. Ils font offrir quatre millions à Carnot,
s'il veut promettre de rendre la ville quelques heures

(1) Lorsqu'en 1815, Carnot, trompé aussi bien que Napoléon par quelques hauts personnages civils et militaires,
envoya demander à Fouché le lieu de son exil, il lui adressa
ce billet laconique :
Où veux-tu que je me rende, traître?
Fouché écrivit au-dessous :
Où tu voudras, imbécille!
Et tous les deux étaient politiquement dans le vrai. Carnot,
émule de Cohorn et de Vauban, Carnot qui avait quelques-
unes des vertus de Caton, et un courage qui ressemblait à
celui de Turenne, Carnot était un homme d'État et un politique fort médiocre.

plutôt que le moment fixé par la convention faite avec les généraux alliés.

A celui qui venait lui faire cette singulière proposition, Carnot se contenta de répondre froidement sans emphase et d'un ton uni :

— « Pour qui me prenez-vous donc ? Je suis un » soldat et je ne vends rien. La ville sera rendue à » l'heure convenue et pas avant. »

Et comme on insistait, le gouverneur reprit :

— « De grâce, ne parlons plus de cela. Vous » vous méprenez, je ne suis pas un marchand. Une » troisième tentative me contraindrait à agir tout à » fait en soldat ! »

On sait que la Belgique fut — nous l'avons déjà dit — arrachée à la France, avec toutes les autres conquêtes qui n'étaient pas du fait de Napoléon. Ce remaniement de territoire et d'hommes ne se fit pas sans protestations dans ces congrès iniques, qui seront éternellement la honte des ennemis de la France.

Anvers et le Brabant furent le lot du nouveau royaume de Hollande. Toutefois en donnant Anvers au royaume de nouvelle création, la Grande-Bretagne eut soin de diminuer, autant qu'il était en elle, son importance comme place de guerre et comme place marchande.

Lors de la révolution belge, Anvers fut la pierre d'achoppement. L'Angleterre guidée par sa politique habituelle et par ses intérêts, était parvenue à faire déclarer par les puissances principales de l'Europe, la séparation de la Belgique et de la Hollande; mais le roi de Hollande, en se soumettant au principe, ne se souciait pas d'en adopter toutes les conséquences; il voulait, entr'autres choses justes et équitables, garder Anvers. L'Angleterre ne le voulait pas et de ce conflit d'exigences, les unes rationnelles, les autres quelque peu tyranniques, il sortit, toujours du consentement des puissances, anciennes alliées de la Grande-Bretagne et qui obéissaient instinctivement à ses plans, une espèce de compromis. On permit au roi de Hollande de ne se dessaisir d'Anvers qu'à la suite d'une défense honorable, et on chargea la France de faire le siége de cette place avec une de ses armées, non pas tout à fait sous les ordres, mais sous les yeux et sous le contrôle de commissaires anglais. C'était là une triste mission, il faut en convenir, pour une nation qui venait de briser une royauté parce qu'elle n'avait pas déchiré assez vite les traités de 1815, que de servir en quelque sorte de maréchaussée à l'Angleterre sur le continent. C'était surtout de la part du gouvernement français un mémorable exemple de l'évangélique vertu du pardon des injures, que d'employer les trésors du pays, le sang de nos soldats à la réalisation d'une combinaison qui avait pour objet de morceler un royaume pacifique et de couper en plein drap dans ce royaume, un second royaume. Hélas! la politique de la France n'était et ne pouvait être qu'une série de contradictions. Le gouvernement issu de la révolte de juillet 1830, était désireux de se faire pardonner son origine révolutionnaire, et pour y parvenir, pour se donner un peu de consistance en Europe, il avait besoin de se courber bien bas devant le cabinet de Saint-James, qui exigeait beaucoup de son obéissance et de sa docilité.

L'armée française destinée au siége d'Anvers, arriva devant cette place dans les derniers jours de novembre.

Le roi de Hollande avait choisi pour la défendre un général qui avait servi sous nos drapeaux dans les guerres de l'Empire, et qui Hollandais par la naissance, mais Français par le cœur et par le courage, avait conquis la plus grande partie de ses grades en combattant les ennemis de la France (1).

(1) David-Henri Chassé (le baron) était né à Thiels dans la Gueldre, en 1765. Il entra comme cadet au service des Provinces-Unies, obtint le grade de lieutenant en 1784 et fut nommé capitaine en 1787. Alléché comme les jeunes gens de son âge par les beaux mirages révolutionnaires, Chassé vint en France. En 1793, il est fait lieutenant-colonel à la suite d'actions d'éclat : il fait partie de l'armée de Pichegru quand ce général entre en Hollande. Les Anglais se montrent dans ce pays en 1799, Chassé les attaque, les bat et les expulse du territoire Batave. De 1800 à 1806, Chassé sert avec une grande distinction. On l'envoie en Espagne : là, son intrépidité, son indomptable courage le rendent populaire dans l'armée, les soldats lui donnent le sobriquet de général *Bayonnette*. Il fait des prodiges de valeur à Durango, à Talavera de la Reyna, à Ocana, au col de Mija. En juin 1811, l'Empereur le fait officier de la Légion-d'Honneur et baron

Conformément à la convention conclue à Londres le 22 octobre 1832, entre la France et l'Angleterre, l'armée du Nord aux ordres de M. le maréchal Gérard, passa la frontière le 15 novembre suivant, *pour en assurer,* disait *le Moniteur,* la remise à S. M. le roi des Belges.

L'avant-garde de cette armée était commandée par le jeune et brave duc de Chartres, que la promotion de son père au trône de France, faisait appeler duc d'Orléans.

La tranchée fut ouverte devant la citadelle dans la nuit du 29 au 30 novembre. Une pluie assez abondante ne ralentit pas le zèle des travailleurs. Dès le 30 au soir, presque toutes les batteries étaient élevées, et le 1er décembre les embrasures purent être ouvertes ; en arrivant à Wilriecq, dépôt intermédiaire de projectiles et de munitions, établi entre Boom et Anvers, nos canonniers furent obligés, avec l'aide de quelques fantassins, de confectionner cinq mille gabions, ainsi que des fascines et des saucissons.

---

de l'Empire. En 1814 il devient général de division, et à cette époque il ramène d'Espagne un corps d'élite qui prend tout aussitôt une part glorieuse à la terrible campagne de France. Le 27 février, Chassé reçoit une blessure dans une rencontre qu'il eut avec les Prussiens près de Bar-sur-Aube et où il les battit rudement. Après l'abdication de Napoléon, Chassé, revenu dans son pays natal, fut admis avec empressement dans l'armée Hollandaise et resta fidèle à ses nouveaux sermens comme il l'avait été aux anciens.

Le duc d'Orléans paya noblement de sa personne, prit le commandement des troupes de tranchée et monta sa première garde. Le 30 novembre, à six heures du matin, cinq mille quatre cents travailleurs étaient déjà répartis, sous ses ordres, entre les trois attaques dirigées par le génie. Les travailleurs étaient protégés par neuf compagnies et soutenus par les trois brigades Zœpffel, Rapatel et d'Héricourt. Avant le jour nos troupes étaient à couvert dans la première parallèle qui n'avait pas moins de dix-huit cents mètres de développement et dans les communications en arrière.

Au surplus les Hollandais n'incommodaient que médiocrement les travaux de siége. La pluie causait plus de mécomptes que leur artillerie. Le petit nombre d'officiers qui avaient fait les campagnes de l'Empire et qui avaient assisté aux siéges bien autrement redoutables de Toulon, de Dantzick et de Saragosse, riaient de tout ce formidable attirail que nos généraux avaient amoncelé autour d'Anvers. Le dénoûment était prévu d'avance, il n'y avait guère à s'inquiéter des détails : c'était une affaire de temps, non pas que les soldats chargés de la défense ne fussent très braves et leur général en chef (Chassé) très expérimenté ; mais ils savaient, aussi bien que nous, que ce siége entrepris avec tant de fracas, n'était qu'un épisode de comédie diplomatique ; avec lui on amusait le tapis politique des badauds de l'Europe. Et cela est si vrai, que, dans plusieurs sorties exécutées avec une rare habileté, les soldats hollandais ne voulurent pas égorger les sentinelles françaises et les postes qu'ils renversaient. Il n'y avait ni haine ni fanatisme dans les deux camps : les Hollandais se battaient pour qu'il ne fût pas dit qu'ils rendissent une citadelle, comme celle d'Anvers, sans la défendre ; et les Français encore pleins d'émotions révolutionnaires tiraient des coups de fusil par pure fièvre martiale, par pure démangeaison de gloire, en chantant cette fameuse *Parisienne* dont le refrain, quelque peu fratricide, n'était guères compris par les soldats. Et puis, malgré l'enthousiasme recommandé par les chefs, le troupier grognait en voyant les uniformes anglais venir rôder dans les travaux. Tout cela réuni, faisait que le siége d'Anvers était une espèce d'école stratégique pour la jeune armée, et que, malgré quelques obus et quelques boulets qui venaient, par-ci, par-là, éclaircir les rangs, on laissait au génie et à l'artillerie le soin de doter le royaume de Belgique d'une ville qui, selon toutes les règles, non pas de la diplomatie, mais de la justice et de la raison, devait revenir à la France.

Les ouvrages à peu près terminés, le maréchal Gérard ordonna qu'on commençât le feu le 4 décembre au matin.

Le feu français était nourri par quatre-vingt-deux pièces de canon; le 5 décembre, vingt-deux mortiers furent ajoutés à ce chiffre déjà respectable.

Le général Haxo conduisait les travaux du génie ; le général Neigre ceux de l'artillerie ; tous deux avaient précédemment fait leurs preuves dans des circonstances plus chaudes et plus utiles à la patrie.

L'épisode le plus important de ce siége où le maréchal Gérard prit, dans sa correspondance avec le général Chassé, un ton de hauteur et d'aigreur qui n'était ni dans son caractère ni dans ses opinions, l'épisode le plus important, disons-nous, fut celui de la prise de la lunette Saint-Laurent. Dans cette attaque et cette défense qui durèrent plusieurs jours, il y eut véritablement des engagemens très-vifs d'artillerie et d'infanterie, et des preuves d'habileté, d'abnégation, de dévoûment et d'intrépidité se revélèrent, comme toujours, au milieu de cette dépense d'héroïsme dont nos soldats ne sont jamais avares.

La prise de la lunette Saint-Laurent détermina nécessairement la reddition de la place. Prolonger une défense sans motif et sans espoir de succès, c'eût été faire couler inutilement le sang de braves gens. Aussi, le 23 décembre, le général Chassé adressait-il au maréchal Gérard la lettre suivante, empreinte d'une loyauté chevaleresque, et que nous aimons à reproduire en entier :

Citadelle d'Anvers, le 23 décembre 1832.

Monsieur le Maréchal,

Croyant avoir satisfait à l'honneur militaire dans la défense de la place dont le commandement m'est confié, je désire faire cesser l'effusion du sang. En conséquence, Monsieur le Maréchal, j'ai l'honneur de vous prévenir que je suis disposé à évacuer la citadelle avec les forces sous mes ordres et à traiter avec vous de la remise de cette place, ainsi que de la position de la *Tête de Flandres* et des forts en dépendant. Pour parvenir à ce but, je vous propose, M. le Maréchal, de faire cesser le feu de part et d'autre, durant le cours de cette négociation. J'ai chargé deux officiers supérieurs de remettre cette lettre à votre Excellence. Ils sont munis d'instructions nécessaires pour traiter de l'évacuation susdite.

Recevez, Monsieur le Maréchal, l'assurance de ma haute considération.

Baron CHASSÉ.

Le 24 décembre, la garnison d'Anvers, en vertu de cette capitulation, défilait devant les troupes françaises rangées en bataille.

La capitulation ne tarda pas à être conclue, et, après en avoir référé à son gouvernement, le maréchal Gérard n'hésita pas à la signer à la suite, pourtant, de quelques pourparlers orageux.

Un mot pour compléter la conduite du brave général Chassé et de ses soldats :

« J'ai visité aujourd'hui, dit le maréchal Gérard
» dans son rapport au ministre de la guerre, l'in-
» térieur de la citadelle. Tous les bâtiments sont
» entièrement ruinés... Cette dévastation fait le plus
» grand éloge du général et de la garnison qui ont
» résisté à notre attaque. Je n'ai pu me dispenser
» d'exprimer au commandant de la citadelle l'estime
» que doit lui concilier, de la part de tous les
» militaires, une défense aussi honorable. »

La garnison ne se montait pas à quatre mille hommes, officiers compris. La perte des Français ne s'élevait pas à huit cents hommes tant tués que blessés.

Peu de jours après la capitulation de la citadelle d'Anvers, les troupes Belges prirent possession de cette forteresse teinte encore du sang de ses défenseurs et conquise par la valeur française.

SIÉGE DE ROME.

1849.

Qui le croirait? Un pontife aussi illustre par les lumières de son intelligence que respectable par l'éclat de ses vertus, un pape dont le nom sera inscrit par le burin de l'histoire au rang des plus dignes successeurs de saint Pierre, un vicaire de Jésus-Christ qui sait comprendre tout à la fois le génie des Médicis et la politique intrépide des Ganganelli; ce pontife vénéré a failli compromettre, par trop de bienveillance et de douceur, par des concessions arrachées à l'inépuisable bonté de son cœur, le patrimoine de saint Pierre, la souveraineté pontificale, d'où dépend le salut de l'église tout entière. Quand le saint pontife, arrivé au bord de l'abime, a jeté des yeux éperdus sur les ravages et sur les ruines que le démon révolutionnaire avait faits autour de lui, rien ne semblait plus pouvoir sauver la tiare et la religion peut-être ! si la France qui est toujours la terre catholique de Charlemagne et de saint Louis n'eût envoyé à Pie IX, abreuvé déjà de l'absinthe prodiguée à Charles 1er et à Louis XVI, à ce roi de l'église déjà captif entre les mains de ses lâches et ingrats sujets, excités, payés et militairement disciplinés par des hommes sans croyances religieuses, si la France, disons-nous, ne lui avait envoyé ses soldats et son drapeau. Tout change alors. En abordant sur les côtes d'Italie, les couleurs françaises rendent l'espérance et le courage au petit nombre des sujets restés fidèles, raffermissent les tièdes, épouvantent les méchans et plongent dans la confusion les meneurs de cette vaste et horrible conjuration qui avait commencé par un assassinat et qui devait finir par des massacres. Les Brutus napolitains, les Louvel de Florence et de Modène, les chefs de la démagogie et de l'anarchie avaient pensé et avaient fait accroire à ces troupeaux de fanatiques et d'imbécilles qu'ils entraînaient à leur suite par des prédications incendiaires, que la France, républicaine pour un moment, s'empresserait de conclure une alliance avec les démocrates de l'Italie et qu'elle mettrait à la disposition des *condottieri* de la péninsule italique ses arsenaux et ses armées, comme elle mit son pain et son argent à la main de ces milliers de proscrits

de toutes les couleurs et de toutes les régions de
l'Italie qui étaient venus s'abattre, comme une nuée
de corbeaux, sur son territoire de 1830 à 1848 et
qui avaient payé en complots, la généreuse hospitalité que le roi Louis Philippe et le gouvernement
de 1848 leur avaient accordée ; mais ils furent
deçus dans leurs espérances. Le noble pays de
France peut bien comme tant d'autres, et plus
que tant d'autres, payer un tribut à la folie
humaine ; il peut après avoir chassé des princes de
vieille et auguste race, s'éprendre de belle passion
pour tel ou tel autre gouvernement ; il peut de la
même main qui a couronné le grand Napoléon, qui
a planté des cyprès funéraires autour de la tombe
de Desaix et de Kleber, offrir des palmes à Lafayette,
ce monomane naïf de liberté, il peut, ce peuple, se
prosterner aux genoux d'une courtisane qui chante,
danse ou déclame, et rendre à des histrions sans
valeur des hommages qu'il refuse à des hommes
véritablement illustres ; ce sont des vertiges, mais
ces erreurs ne durent pas : la raison revient aussi
forte que l'enthousiasme. On brise ces idoles et on
rejette avec dédain, ces pitoyables messies du
désordre et de l'insurrection, ces Narcisses politiques pour rentrer avec empressement dans le
bercail du beau, du vrai et du bon. En supposant
que la France fût restée fidèle au gouvernement
républicain imposé par une poignée d'hommes

ignorés alors et par quelques tribuns cruellement abusés, cette France républicaine, démocratisée même, n'aurait jamais consenti à signer un traité d'alliance, un pacte fédératif avec les meurtriers de Rossi, avec des gens sans foi ni loi. La France reste toujours la France et lorsque, dans un accès de frenésie, elle veut comme Irminsul, la divinité païenne de ses ancêtres, ensanglanter ses entrailles et égorger ses propres enfants, ce n'est point au poignard des assassins qu'elle a recours, mais au glaive de la loi.

Les doctrines anti-sociales dont le coup de main de février 1848 amena le triomphe en France, ne tardèrent pas à traverser les Alpes et le Rhin. En Allemagne, on sait ce qu'elles produisirent. En Italie, toutes les sectes de cette vaste conspiration permanente qui mine les entrailles de ce malheureux pays, grouillèrent à la fois. C'en était fait, non pas du christianisme qui ne peut choir, mais de la papauté et des plus beaux apanages de la civilisation, si le président de la République, aujourd'hui Empereur pour le salut de l'Europe, n'avait, par une courageuse initiative, envoyé à Rome une armée pour réduire les misérables usurpateurs du pouvoir de Pie IX, les aventuriers cosmopolites qui prétendaient faire de la métropole de la chretienté la place d'armes de la révolution. Cette énergique détermination du président de la République fut d'autant plus admirable qu'il avait contre lui, non seulement les vétérans de

10.

notre liturgie de révolte, mais encore les adeptes de
Proudhon et ce troupeau indécis d'honnêtes gens
sans nerf moral qu'on voit dans toutes les assemblées
délibérantes et qui alignent des périodes de discours,
quand il faudrait aligner des soldats. On a appellé
ces hommes là dans la révolution de 1789 : des Gi-
rondins. Le nom qui leur convient aujourd'hui est
celui de *trembleurs*.

A part l'intérêt que la France pouvait avoir,
comme puissance éminemment catholique, à sauve-
garder l'autorité temporelle du successeur de saint
Pierre, la bonne politique, le sens vrai des évènemens
indiquait que le gouvernement français, soit qu'il
fût royaliste, républicain ou impérial ne pouvait pas
laisser à d'autres potentats la mission d'écraser
l'hydre de la rébellion sur cette terre italienne et au
pied de ce Capitole que les réfugiés de toutes les
nations entouraient et voulaient ériger en citadelle
permanente de l'insurrection. L'Espagne, quoiqu'in-
cessament travaillée par des intrigues de plus d'un
genre, frémissait de voir un souverain pontife chassé
honteusement du Vatican ; Naples aussi religieuse et
plus intéressée encore que l'Espagne, au point de
vue de sa tranquillité intérieure, à l'expulsion des
dominateurs éphémères des États de l'église, faisait
filer des troupes vers les frontières de la Romagne.
Enfin l'Autriche, toujours à l'affut d'étendre en Italie
son influence et ses forces militaires, détachait trois

divisions de l'armée de Lombardie pour voler au secours du pape et déjà le cabinet de Vienne avait pris toutes les mesures nécessaires pour donner à la reprise de Rome le caractère d'un expiation beaucoup plus que le caractère d'une victoire. Tout le monde et les révolutionnaires eux-mêmes durent s'applaudir de l'initiative de la France, car, à n'en pas douter, si les Napolitains et Autrichiens se fussent emparés de Rome — et avec un peu plus de temps que nous ils y seraient parvenus — tous ces promoteurs de la révolte romaine auraient été pendus impitoyablement aux portes même de ce palais dont ils avaient souillé la pureté et violé le saint caractère.

Ainsi par le concours des armes françaises, pour la gloire et l'honneur de notre pays, le souverain de Rome, le pontife de la métropole du christianisme qui aurait pu être le Louis XVI des papes, n'en sera — et nous en remercions la suprême sagesse — que le Trajan et le Titus. Le Capitole a déjà reconnu, sous la tiare de son maître, la clémence, la modération, l'humanité; touchante et le grand cœur de l'adopté de Nerva et du fils de Vespasien.

L'armée française débarqua à Civita-Vecchia le 25 avril 1849. Le débarquement auquel nos marins concoururent avec leur zèle et leur habileté ordinaires, s'opéra avec ordre et célérité, et trois jours après, les premières colonnes de l'avant-garde marchaient sur Rome.

Le commandement en chef de l'armée avait été confié au général de division Oudinot, fils de l'illustre maréchal duc de Reggio, qui renouvela jadis la modestie, le désintéressement et la bravoure de Bayard et de Turenne, dans un temps où quelques-uns des plus habiles lieutenans de Napoléon se distinguaient autant par leur âpreté que par leurs talents militaires et l'éclat de leurs hauts faits.

L'arme du génie était dirigée par le général Vaillant, celui-là même que l'armée voit avec tant d'orgueil présider aujourd'hui aux affaires de guerre de la France, et qui montra dans ce poste d'honneur et de confiance que l'intègre et savant Carnot n'avait pas emporté dans la tombe le secret d'organiser la victoire.

L'artillerie était confiée aux soins et à la vieille expérience du général Thiry.

Le 30 avril, l'armée arriva sous les murs de Rome, ayant en face d'elle la porte Pertuzza (la Posthumia des anciens Romains).

Trompé par quelques faux rapports, le général en chef de l'armée française, le campement et le baraquement des troupes accomplis, crut devoir envoyer une colonne en reconnaissance pour tâter les dispositions des Romains et épargner l'effusion du sang, s'il était possible. Le commandant Picard est chargé de la direction de cette colonne qui s'engage entre les murailles de la place et la porte de San-Pancra-

cio. Le commandant Picard abusé comme le général
en chef lui-même, oublie qu'il a en tête des Italiens
révolutionnaires ; il oublie surtout la fatale destinée
du général de Bréa, lâchement égorgé pour avoir
ajouté une foi aveugle aux protestations des déma-
gogues, il commet la faute de parlementer avec des
bandits et de leur demander une entrevue avec leur
chef. Les traîtres l'entourent en s'écriant : *Siamo
amici! siamo fratelli! la pace! la pace! Nous
sommes amis! nous sommes frères! la paix! la
paix!* Picard, enchanté de cet accueil, retourne
vers sa troupe et lui défend tout mouvement offen-
sif en disant qu'on est près de s'entendre. Il repart
alors vers les Romains, mais à peine est-il de retour
parmi eux, qu'il est environné par une foule com-
pacte et que vingt baïonnettes, vingt poignards, vingt
pistolets sont braqués sur sa poitrine. Les *frères et
amis* qui l'avaient accueilli d'abord, disparaissent
dans la foule, et l'infortuné commandant, victime de
sa crédulité, va bientôt expier une simplicité indigne
d'un officier qui doit compte au pays de la vie de ses
soldats, lorsqu'une douzaine de gardes nationaux —
de vrais citoyens, — l'arrachent aux mains des satellites et des égorgeurs, et l'amènent prisonnier au
château Saint-Ange pour le soustraire à la rage de
ces tigres démuselés.

Sur ces entrefaites, la colonne commandée par
Picard voit qu'elle est tombée dans un piége ; elle

ne prend plus conseil que de son indignation et de son désespoir et oppose, aux masses de furieux qui viennent rouler sur elle, une résistance héroïque; mais il faut céder au nombre, et ces braves soldats décimés par le poignard plus encore que par le feu, sont contraints de se rendre. La brigade du général Levaillant — qu'il ne faut pas confondre avec le général Vaillant, commandant le génie — veut en vain voler au secours de ses malheureux camarades; une barricade infranchissable défendue par trois pièces de canon pointées par des réfugiés polonais, hongrois, piémontais, et horreur! faut-il l'écrire? aussi par quelques mains françaises, ne permet pas de les secourir. Dans ce triste combat un colonel est tué, un drapeau est sur le point d'être pris, et les cadavres de nos soldats jonchent la terre et servent encore de point de mire aux détestables fureurs des soutiens du triumvirat romain.

C'était mal débuter; c'était commencer un siége sous de funèbres auspices. Et à quoi ce fatal début avait-il tenu? à la loyauté chevaleresque du général en chef Oudinot, et à la naïveté du commandant Picard. Et pourtant le commandant Picard avait vu comme toute l'armée, le drapeau rouge flotter sur les murs de Rome; il avait entendu les hymnes révolutionnaires résonner au sommet des bastions et des forts; il avait pu comprendre les vociférations impies, sacriléges ou grossières, qui saluaient les

soldats et les couleurs de la France; il avait pu dis-
tinguer dans ce capharnaum de voix, dans ce chaos
d'accents étrangers, dans ce cliquetis de gosiers sa-
turés de sang et d'eau de vie, toutes les immondices
chromatiques de l'Europe insurrectionnelle : La
Marseillaise et la *Tragala*, la *Varsovienne* et la
Carmagnole, le *Ça ira* et le *Rhin allemand;* or,
avec de pareils indices et de semblables manifesta-
tions, il semble qu'il n'était guères possible de se
tromper sur les dispositions de ces corybantes, en
supposant qu'il restât quelques doutes sur la valeur
de ces soldats de circonstance.

Les débris de la colonne Picard et les troupes qui
avaient généreusement couru à son secours, furent
donc obligés d'effectuer leur retraite par une avenue
étroite, flanquée de murailles, et sous le feu incessant et parfaitement dirigé de quatre pièces de canon. Abstraction faite de l'infamie du guet-à-pens,
les Italiens se battaient très-bien. *J'avoue,* dit
naïvement un officier français, témoin oculaire, *que
les Romains se sont battus d'une manière qui m'a
surpris.* Cet officier ignorait ou faisait semblant
d'ignorer que ces prétendus Romains étaient des
révolutionnaires de Paris, de Vienne et de Berlin.
Voilà quels étaient les Romains que les Français
avaient en face d'eux, et voilà aussi pourquoi chacun
de nos braves qui tombait sous cette averse de mi-

traille était voué aux dieux infernaux et l'objet de plaisanteries obscènes ou sacriléges.

Le lendemain de cette lugubre action, l'armée se campa régulièrement : moitié à Polidoro, moitié à Paolo. Le quartier général fut établi dans cette dernière position. Paolo est un hameau de vingt ou trente maisons qui communique par la mer avec Civita-Vecchia. Habité par des pêcheurs, ce petit amas de chaumières offre toutes les conditions désirables de sûreté, de salubrité et de facile défense.

Les pourparlers, les notes, les protocoles élaborés par le Triumvirat et par l'Assemblée prétendue nationale siégeant à Rome, amenèrent du ralentissement dans nos travaux de siège. Les chefs du gouvernement romain qui connaissaient la loyauté du général en chef Oudinot et son vif désir d'empêcher l'effusion du sang, cherchèrent à l'enlacer dans les méandres flatteurs d'une phraséologie diplomatique. M. de Lesseps, le chargé d'affaires de France, soit par pusillanimité, soit par accession de ses sentimens intimes à la cause républicaine, vint proposer à la ratification du général Oudinot un *arrangement* qu'il avait formulé de concert avec les insurgés romains. Par un article de cette curieuse convention, *l'armée française ne devait pas entrer dans Rome.* Les yeux du brave et noble Oudinot se dessillent alors, il s'aperçoit que là aussi on veut lui dresser une embûche et qu'il doit se garder également, et des Triumvirs et de l'intervention un peu trop bienveillante des hommes chargés de soutenir diplomatiquement l'honneur et les intérêts de la France; il rompt les négociations et déclare que l'armistice verbal consenti par M. de Lesseps, cessera d'avoir son effet à partir du lendemain 1er juin. Pourtant cédant encore aux instances du jeune de Gerando, chancelier de l'ambassade française, qui semble être mû par le désir d'arriver à un arrangement pacifique, le général en chef consent à différer son attaque jusqu'au 4 juin.

Le général Vaillant reçut l'ordre de poursuivre régulièrement les ouvrages et les opérations de siége qui incombent à l'arme du génie.

On reconnut bientôt que les travaux ne pourraient avoir aucune efficacité, si l'on ne se rendait maître de la villa Pamphili, de l'église San Pancracio et des villas Corsini et Valentini; l'attaque de ces trois postes importans fut résolue et le 2 et 3 juin, les généraux Mollière et Levaillant, à la tête de deux colonnes, enlèvent les positions et dotent de *trois victoires* les annales militaires de la France. En vain les Romains qui comprennent toute l'importance de ces postes, tentent-ils de les faire évacuer par le feu bien nourri qu'ils dirigent sur nos troupes du haut de leurs remparts. Nos braves soldats s'y maintiennent avec une constance héroïque, car il faut le proclamer bien haut, le général en chef toujours soucieux d'éviter l'effusion du sang et d'épargner les édifices, même particuliers, de la ville, fidèle surtout à la promesse de ne point attaquer le corps de la place avant le 4 juin, avait défendu à son artillerie de répondre à l'artillerie ennemie (1).

Les journées du 5 et du 6 juin ne furent signalées que par des escarmouches sans importance.

Cependant la tranchée et les parallèles achevées en une seule nuit, effrayèrent les assiégés qui firent une sortie le 11; mais là il n'y avait point à craindre la suprématie honteuse du poignard. Nos soldats repoussèrent la baïonnette dans les reins les satellites de Mazzini qui n'opposèrent qu'une résistance relative.

Le 12, les différents travaux du siége étaient perfectionnés. Le général en chef Oudinot écrivit une lettre au président de l'Assemblée nationale romaine, pour tâcher de faire éviter à la ville et aux honnêtes citoyens qu'elle renfermait, les extrémités regrettables d'une prise de vive force. Cette lettre, monument impérissable de la modération et de la générosité

(1) Une muse de notre époque, qui a été souvent mieux inspirée, a publié, dans le temps, une manière d'ode sur le *Siége de Rome*, où elle compare l'armée française aux Huns et le général en chef à Attila. La poésie a ses licences, mais Mme Louise Colet semble les avoir dépassées dans cette pièce de vers, qui ne se recommande ni par le sentiment poétique, ni par le sentiment patriotique.

française, sera l'éternel honneur et du soldat illustre qui l'a signée et du prince auguste qui l'a inspirée.

Comment Mazzini et ses adhérents répondirent-ils à cette ouverture magnanime ? En redoublant immédiatement la violence de leur feu, en couvrant d'un nuage de mitraille les points qu'ils pouvaient atteindre ; en immolant à leur rage expirante nos braves soldats dont on sacrifiait la vie au salut des Romains — bons ou mauvais — à la conservation des monuments précieux de la Rome des Empereurs et de la Rome des Papes !!...

Les 14, 15 et 16, les batteries françaises ripostèrent avec une grande justesse et une grande énergie aux canons de l'ennemi ; mais les officiers d'artillerie, montés sur l'épaulement des batteries, selon l'antique et glorieux usage de cette arme, dirigèrent le feu des pièces et empêchèrent que les projectiles ne fussent envoyés, par trop de promptitude, sur les édifices de la cité et même sur les maisons des habitants inoffensifs.

Le 21, le feu prit une extension formidable. Les généraux Vaillant et Thiry, du génie et de l'artillerie, annoncèrent au général en chef que les brèches seraient praticables le soir même.

Au même instant, les instructions aux chefs de corps sont expédiées du quartier-général. Officiers et soldats se préparent à ce décisif dénoûment. On se félicite, on s'embrasse, on se presse les mains ; c'est

une ivresse de gloire, c'est une joie d'héroïque vertu.
Toute l'armée comprend à merveille que Rome délivrée des hommes qui l'oppriment, ne tardera pas à
redevenir la métropole florissante et bénie des arts et
de la religion.

Le moment de l'assaut est fixé à neuf heures et
demie. A dix heures moins quelques minutes, les
troupes commandées pour frapper ce dernier coup,
s'élancent en deux colonnes. L'ennemi est chassé de
tous ses ouvrages et se réfugie dans la place ; mais
nous ne pouvons l'y suivre : se conformant aux intentions du Prince Président, Oudinot veut que
Rome soit occupée et non saccagée par les Français.
Et pour en finir rapidement, il faudrait nettoyer avec
l'artillerie les faubourgs et peut-être les rues et les
places de la ville ; notre victoire sera lente, elle nous
coûtera bon nombre de braves, mais il faut conquérir les suffrages de la postérité et les calomnies de
quelques folliculaires.

Du 23 au 26, l'ennemi toujours enfermé dans la
place paraît vouloir nous abandonner les travaux
qu'il a élevés avec tant de soins.

Une grande attaque fut résolue pour le 30 juin.
Il s'agissait d'opérer vigoureusement par le mont
Gianicolo (l'ancien Janicule), et par la porte de
San-Pancracio.

Quatre colonnes, chacune de trois compagnies
d'élite ayant chacune sa réserve, ses chefs particu-

liers, son itinéraire à suivre, sont disposées. Le lieutenant-colonel Espinasse, du 21e de ligne, est chargé
du commandement supérieur. Trois coups de canon
doivent donner le signal, et deux heures et demie du
matin est l'instant fixé pour porter le dernier coup à
l'opiniâtreté des bandes de Garibaldi.

Nos braves soldats brûlent d'impatience : le signal
est enfin donné ! Les colonnes se précipitent sur les
brèches. Les révolutionnaires cosmopolites les ac-
cueillent avec des cris terribles. Les blasphêmes, les
imprécations, les jurements en vingt idiômes différents se croisent dans tous les sens. C'est un chaos
de voix, c'est une tour de Babel. Au milieu de ces
hurlements sauvages, l'ennemi s'avance résolument.
Quant aux colonnes françaises, fidèles à la consigne
qui a été donnée, elles gardent un profond et solen-
nel silence ; mais le cœur de tous ces braves se
gonfle de colère, leurs mains pressent convulsive-
ment le mousquet vengeur et attendent avec une
anxieuse passion la minute, la seconde, où le commandant supérieur annoncera le moment de l'attaque et
de la victoire.

Enfin une voix, une voix formidable, calme et
ferme éclate tout-à-coup : *France ! France ! Grenadiers, à la baïonnette* !!

Et les soldats fous de gloire et de joie, répètent en
chœur tout d'une voix : En avant ! En avant !

Une décharge générale de mousqueterie est le

point d'exclamation de cette réponse de nos grenadiers. Soudain ils fondent à la baïonnette sur les masses pressées et compactes des soldats de Garibaldi.

L'ennemi occupe les maisons voisines et marche en force pour reprendre les positions que nous lui avons enlevées. Retranché derrière le second rempart d'Aurélien, son artillerie tire dans toutes les directions. Nos troupes étaient en plein feu sur la brèche et n'osaient pas tirer de crainte de blesser leurs camarades qui se battaient. Il faisait petit jour. Un nouveau cri s'élève : *En avant! à la baïonnette!* et ce cri magique produit son effet comme toujours. Les grenadiers s'élancent de nouveau, culbutent les prétendus Romains et les précipitent par dessus l'escarpe. A mesure que l'infanterie fait le vide autour d'elle, le génie qui la suit organise ou supprime rapidement les batteries conquises.

Là encore, quoiqu'on en ait dit en prose et en vers, l'artillerie française ne voulut pas répondre à celle de l'ennemi; cette longanimité nous coûta encore bon nombre de braves, car nos canons employés comme ils le sont d'ordinaire, auraient eu facilement raison de cette artillerie romaine toute bien servie qu'elle était par des refugiés de tous les pays.

San Pancracio est la clef de Rome. Le but principal était donc atteint; mais deux points qui résistaient encore devaient être enlevés avec rapidité.

Le premier était San-Paolo di Montario, le second une maison barricadée, fortifiée, crénelée, dite la Maison carrée.

Nos soldats se jettent sur les défenseurs de San-Paolo et en ont bientôt fait justice. Restait la Maison carrée dont le feu inextinguible semblait promettre une résistance plus énergique. En effet la fleur de la démagogie européenne s'y était cantonnée, et ce poste allait être les Thermopyles de ces Léonidas au petit pied. Notre colomnne s'avance néanmoins, fière et alerte ; mais une décharge d'artillerie vient la frapper en plein et fait tomber quatre-vingts hommes, officiers et soldats.

L'indignation, la colère viennent alors se joindre à l'héroïsme, outré de voir des fanatiques dont on s'est plu à ménager le sang, payer par le carnage la générosité française. Les soldats crient vengeance, les rangs s'égalisent, la colonne un moment ébranlée se reforme et on aborde, au pas gymnastique et sapeurs en tête, ce blockaus redoutable. Nos sapeurs, sous une grêle de balles et de mitraille, ont bientôt fait voler en éclats les portes et les madriers qui les soutiennent ; nos grenadiers se précipitent alors dans cet affreux repaire et là, pour la première fois, sourds à la voix de leurs officiers qui leur recommandent la clémence, ils passent tout ce qu'ils rencontrent au fil de la baïonnette. Cinq cents individus de toutes nations tombent sous le fer de nos soldats indignés, et ceux qui parviennent à s'échapper sont presque tous blessés. Ils étaient au nombre de douze cents dans cette Maison carrée.

Le siége était fini, Rome était prise de fait. Cependant le général Oudinot consent à rouvrir des négociations avec le gouvernement républicain. Ce que les chefs révolutionnaires proposent est inacceptable. Oudinot repousse et le diplomate de Corcelles rejette également ces propositions. Enfin las de toutes ces finesses genoises, de tous ces pourparlers émaillés de mots pompeux et de grandes phrases, le général Oudinot déclare qu'il recevra Rome *sans condition,* et il menace de reprendre les hostilités, si la place ne se rend pas à discrétion.

Pressés au dedans par les citoyens honnêtes de Rome qui veulent s'exonérer de ce Triumvirat, inquiétés par les corps d'armée d'Autriche et de Naples qui ne se trouvent plus qu'à quelques marches de la ville, les meneurs de la révolte pensent qu'ils doivent pourvoir à la sûreté de leurs personnes. Dans ce moment critique ils remettent, ces honnêtes triumvirs, ces intègres ministres, ces dignes législateurs, leurs pouvoirs à la municipalité romaine et s'enfuient, Garibaldi en tête, — peut-être un peu avec la permission du général français, — dans toutes les directions, emportant avec eux les malédictions de tous les vrais et bons citoyens de Rome.

Le 3 juillet, l'armée française entra à Rome par

les deux extrémités, par la porte San Pancracio, par la porte San Paolo et par la porte del Popolo.

Ainsi se termina ce lugubre et terrible épisode plein d'enseignements et de leçons : l'insurrection romaine a prouvé que, dans la pensée des novateurs, c'était à la religion aussi bien qu'aux trônes, au pape aussi bien qu'aux rois qu'étaient promis les poignards et les échafauds du mouvement social que les conspirateurs de tous les pays préparaient de longue main.

Nous sommes allés à Rome pour sauver la religion et rétablir la puissance temporelle du pape, corollaire rationnel de son autorité spirituelle. Nous sommes aujourd'hui en Crimée pour maintenir l'équilibre européen. Puisse cette expédition faite également en vue de la grandeur et des intérêts de la France, nous valoir dans l'histoire et dans la postérité les éloges et la reconnaissance que nous vaudra sans aucun doute notre campagne de Rome si glorieuse et si pure !

SIÉGE DE SÉBASTOPOL.

1854-1855.

L'année 1854 s'est terminée, et l'année 1855 s'est ouverte par les saisissantes péripéties d'un siége unique, peut-être, dans les fastes des nations.

Aussi poétiquement engagé que le siége de Rhodes par Soliman, empereur des Turcs (1523), aussi valeureusement accidenté que le siége de Saragosse en 1809, le siége de Sébastopol pourrait devenir le sujet d'un poème héroïque aussi complet, aussi sublime que l'Iliade, si nous avions un jour un autre Homère avec sa lyre immortelle et ses fictions enchantées.

C'est sur les ruines de Sébastopol que se dénoûra le drame le plus grandiose et le plus éclatant de notre époque. C'est par la chûte de cet *imprenable*

rempart que les destinées de l'empire Turc seront
rajeunies et raffermies.

Dans ce grand conflit qui remue l'Europe et l'Asie ,
la France a plutôt un intérêt de gloire et de chaste
équité qu'un avantage matériel. Mais la France —
elle l'a souvent prouvé — n'abaisse jamais le niveau
de sa politique aux viles et étroites combinaisons de
l'agiotage.

En prenant fait et cause pour cette Sublime-Porte,
qui, stationnaire pendant plus de quatre siècles, voudrait, sous l'impulsion éclairée de son jeune et noble
chef, faire enfin quelques pas vers le progrès, et
rendre à la culture, à la production, les contrées les
plus fertiles et les plus riches de l'Asie, la France n'a
fait qu'épouser un parti qu'elle croit juste, soutenir
le faible contre le fort.

Cette honorable intervention de notre pays dans les
démêlés orientaux, cette croisade contre l'oppression,
l'injustice et l'ambition, semble être dans les attri-
butions providentielles de la France.

La générosité politique est chez elle de tradition,
et il ne faudrait pas remonter bien haut dans l'histoire pour en trouver de frappants exemples.

Le *Moniteur* du 12 avril, dans un travail très remarquable, rend un compte détaillé et précis des
causes et du but de l'expédition d'Orient. Il explique
avec une grande lucidité, et d'après les documents
authentiques, les différentes phases de cette lutte
gigantesque, la modification des plans primitifs, et

les causes de cette modification, la longue résistance des assiégés en présence de l'ardeur et de l'héroïsme des assiégeants, les opérations militaires et les négociations diplomatiques.

Ces pages éclaireront la marche de l'histoire, en même temps qu'elles dissiperont l'alarme et l'erreur de l'opinion publique au milieu des émotions qu'inspirent naturellement les évènements que nous avons sous les yeux.

On nous saura gré d'extraire de ces documents ce qui nous paraît devoir plus particulièrement fixer l'attention. Nos citations initieront beaucoup de lecteurs à des faits qu'ils ne connaissent qu'imparfaitement, ou qu'ils n'ont envisagés que sous un faux jour.

« Les circonstances impérieuses et décisives qui commandaient à la France de tirer l'épée après une paix de quarante années, sont présentes à tous les esprits. La Russie, ne pouvant faire accepter sa suprématie sur la Turquie par la terreur de ses protocoles, avait tenté de l'imposer par la force. Elle avait déchiré les traités, envahi un territoire, dédaigné et menacé l'Europe. Ses armées occupaient les Principautés, s'avançaient sur le Danube et marquaient déjà les étapes d'une marche victorieuse sur les Balkans. L'admirable élan de la nation turque ne pouvait suffire à déconcerter ce plan. La Russie trouvait un obstacle inattendu, il est vrai, dans le dévoûment héroïque d'un peuple qu'elle avait cru déchu et dont la résistance la faisait souvenir qu'il avait vaincu

Pierre-le-Grand. Mais la lutte était inégale. Le monde entier, haletant et ému, en attendait le dénoûment avec anxiété. L'Allemagne, incertaine entre les habitudes de la Sainte-Alliance et les conseils de sa dignité, ne savait pas encore si elle devait subir plus longtemps l'arrogance de cette domination qui pesait sur elle ou la repousser enfin. C'est de l'Occident que partit le signal de la résistance. La France et l'Angleterre, loyalement unies, n'hesitèrent pas à envoyer leurs flottes et leurs armées en Orient pour y défendre l'intégrité de l'empire ottoman, le respect des traités, l'équilibre européen et la civilisation.

» La haute volonté qui préside au Gouvernement de notre pays et qui avait résolu cette guerre comme une nécessité de son honneur, après avoir vainement essayé de la prévenir par une conciliation honorable, traça alors des instructions pour l'illustre maréchal aux mains duquel allait être remise l'épée de la France. On lisait dans ces instructions qui portent la date du 12 mars 1854, les passages suivants :

. . . .

« En vous plaçant, maréchal, à la tête d'une ar-
» mée française qui va combattre à plus de six cents
» lieues de la mère patrie, ma première recomman-
» dation est d'avoir le plus grand soin de la santé des
» troupes, de les ménager autant que possible, et de
» ne livrer bataille qu'après vous être assuré des
» deux tiers au moins des chances favorables.

11*.

» La presqu'île de Gallipoli est adoptée comme
» lieu principal de débarquement, parce qu'elle doit
» être, comme point stratégique, la base de nos opé-
» rations, c'est-à-dire la place d'armes où nous
» mettions nos dépôts, nos ambulances, nos approvi-
» sionnements, et d'où nous puissions avec facilité
» nous porter en avant ou nous rembarquer. Cela ne
» vous empêchera pas à votre arrivée, si vous le ju-
» gez convenable, de loger une ou deux divisions
» dans les casernes qui se trouvent soit à l'ouest de
» Constantinople, soit à Scutari.

» Tant que vous n'êtes pas en face de l'ennemi,
» l'éparpillement de vos forces n'a aucun inconvé-
» nient, et la présence de vos troupes à Constanti-
» nople peut produire un bon effet moral ; mais si,
» par hasard, après vous être avancé vers les Bal-
» kans, vous étiez contraint de battre en retraite, il
» serait beaucoup plus avantageux de regagner le
» côté de Gallipoli que celui de Constantinople, car
» jamais les Russes ne s'aventureraient d'Andrinople
» à Constantinople, en laissant sur leur droite une
» armée de 60,000 hommes de bonnes troupes. Si
» néanmoins on voulait fortifier la ligne de *Carassou*
» en avant de Constantinople, il ne faudrait le faire
» qu'avec l'intention de la laisser défendre par les
» Turcs seulement, puisque, je le répète, notre po-
» sition sera plus indépendante, plus redoutable, en
» nous trouvant sur les flancs de l'armée russe, que
» si nous étions bloqués dans la presqu'île de Thrace.

» Ce premier point établi et l'armée anglo-fran-
» çaise une fois réunie sur les bords de la mer de
» Marmara, il faudra vous entendre avec Omer-
» Pacha et lord Raglan pour l'adoption de l'un des
» trois plans suivants :

» 1° Ou marcher à la rencontre des Russes sur les
» Balkans ;

» 2° Ou s'emparer de la Crimée ;

» 3° Ou débarquer soit à Odessa, soit sur tout
» autre point du littoral russe de la mer Noire.

» Dans le premier cas, *Varna* me paraît le point
» important à occuper. L'infanterie pourrait s'y
» rendre par mer, et la cavalerie plus facilement
» peut-être par terre. En aucune circonstance l'armée
» ne devra trop s'éloigner de la mer Noire, afin
» d'avoir sans cesse ses communications libres avec
» la flotte.

» Dans le second cas, celui de l'occupation de la
» Crimée, il faut avant tout être sûr du lieu de dé-
» barquement, afin qu'il s'effectue loin de l'ennemi
» et qu'on puisse en peu de temps fortifier ce lieu de
» manière à ce qu'il serve d'appui si l'on venait à
» battre en retraite.

» La prise de Sébastopol ne doit pas être tentée
» sans s'être muni au moins d'un demi-équipage de
» siége et d'un grand nombre de sacs à terre. Quand
» vous serez à portée de cette place, ne négligez pas
» de vous emparer de Balaclava, petit port situé à
» quatre lieues au sud de Sébastopol, et au moyen

» duquel on peut se tenir aisément en communica-
» tion avec la flotte pendant la durée du siége.

» Dans le troisième cas, celui où, d'accord avec
» les amiraux, on résoudrait une entreprise sur
» Odessa. . . . .

. . . .

» Dans tous les cas, ma recommandation princi-
» pale est de ne jamais diviser votre armée, de mar-
» cher sans cesse avec toutes vos troupes réunies,
» car quarante mille hommes compactes et bien
» commandés sont toujours une force imposante ;
» disséminés, au contraire, ce n'est plus rien.

» Si, pour vivre, vous êtes obligé de diviser l'ar-
» mée, faites en sorte de pouvoir toujours la réunir
» sur un point en vingt-quatre heures.

» Si, en marche, vous formez plusieurs colonnes,
» donnez-leur un point de réunion assez loin de l'en-
» nemi pour que chacune d'elles ne puisse pas être
» attaquée isolément.

» Si vous repoussez les Russes, n'allez pas plus
» loin que le Danube, à moins que l'armée autri-
» chienne n'entre en lice.

» Généralement, tout mouvement doit être con-
» certé avec le général en chef de l'armée anglaise. Il
» n'y a que certains cas exceptionnels, où il s'agirait
» du salut de l'armée, que vous pourriez prendre sur
» vous toute résolution.

. . . .

» J'ai pleine confiance en vous, maréchal ; vous

» demeurerez fidèle à ces instructions, j'en suis
» assuré, et vous saurez ajouter une nouvelle gloire
» à celle de nos aigles. »

« Ainsi qu'on vient de le voir, par cet extrait des
instructions de l'Empereur au maréchal de Saint-
Arnaud, Gallipoli avait été choisi comme le lieu de
débarquement de l'armée anglo-française. Nous devons insister sur les graves considérations qui con-
seillèrent ce choix.

» Le premier principe pour une guerre maritime
est de choisir un point de rassemblement à l'abri des
atteintes de l'ennemi, d'une défense facile, d'un abord
commode pour le débarquement et l'approvisionne-
ment de l'armée, et qui permette à celle-ci de se
mouvoir en avant, ou de se replier sur sa base d'opération si elle y était forcée, et de trouver, en cas
d'insuccès, l'appui et le refuge de ses flottes.

» La presqu'île de Gallipoli remplissait merveilleusement les conditions d'une bonne guerre maritime.
Placée à l'entrée des Dardanelles, elle était aisément
ravitaillée par la mer de Marmara et la mer de
Thrace. Une raison capitale, tirée de la situation
respective des deux armées russe et turque, commandait d'ailleurs de s'emparer de ce point. Les Russes,
en passant le Danube à Routschouk, en s'avançant
sur Andrinople, et en laissant à leur gauche les forteresses turques et même Constantinople, pouvaient
nous y devancer et fermer la retraite à nos flottes
engagées dans la mer Noire. Il y avait là un grand

péril que la prévoyance des gouvernements alliés sut reconnaître et conjurer.

» Une autre considération prescrivait encore l'occupation préalable de Gallipoli. Au moment du départ de l'expédition, c'est-à-dire au mois d'avril 1854, on se demandait avec inquiétude si nos forces militaires arriveraient à temps pour couvrir Constantinople. Une guerre défensive paraissait alors bien plus probable qu'une guerre offensive. C'était l'intégrité de l'Empire ottoman qui était menacée et déjà entamée, et que nous allions défendre et reconquérir. Une bataille perdue par les Turcs sur le Danube pouvait amener les Russes sur les Balkans en trois journées de marche, et leur ouvrir le chemin de Constantinople. L'occupation de Gallipoli couvrait entièrement cette capitale. Les deux gouvernements alliés comprirent qu'une armée russe, fût-elle entrée à Andrinople, ne pouvait s'avancer sur Constantinople en laissant sur son flanc droit soixante mille Anglo-Français, et c'est cette prévision qui se retrouve dans les instructions de l'Empereur.

» Ainsi donc, à tous les points de vue, pour parer à toutes les éventualités, la presqu'île de Gallipoli avait été admirablement choisie comme point de débarquement et base d'opération. De ce point nous protégions la capitale de l'empire turc, nous restions maîtres du mouvement de nos flottes, nous nous avancions sans nous découvrir, et nous conservions nos communications avec Toulon et Marseille.

» Mais à peine l'armée anglo-française était-elle arrivée à Gallipoli, que la scène avait déjà changé. Quoique les coureurs eussent été aperçus en vue de Varna, la défense héroïque de Silistrie avait arrêté l'élan du prince Gortschakoff. La lutte, au lieu de se transporter au centre de l'empire, se prolongeait sur le Danube, avec des chances diverses. Les généraux en chef de l'expédition crurent alors qu'ils auraient le temps d'arriver sur le théâtre de cette lutte, de sauver peut-être Silistrie, mais en tout cas de se joindre à l'armée ottomane, et de défendre contre l'armée russe les Balkans, en ayant pour ainsi dire leurs deux ailes protégées par les deux forteresses de Choumla et de Varna. Ce plan était aussi hardi que prudent. Il était indiqué d'ailleurs par les circonstances et par l'imminence du péril. Si, en effet, les Russes eussent pris Silistrie, dont la chute était annoncée comme inévitable par les rapports d'Omer-Pacha, le sort de l'empire ottoman pouvait dépendre d'une grande bataille. Les armées de la France et de l'Angleterre devaient la prévoir et s'y préparer. Là était leur poste, parce que là étaient peut-être le dénoûment de la lutte et l'arrêt suprême du destin.

» Ces prévisions furent démenties par les évènements. Le courage de l'armée turque et la présence des alliés suffirent pour forcer les Russes à lever le siége et à se retirer de l'autre côté du Danube.

» Toutes les fois que l'ennemi bat en retraite, il y a une grande tentation pour l'armée devant laquelle il se retire : c'est de le poursuivre. Mais quand cette poursuite peut compromettre une armée, il y a plus de gloire à s'arrêter qu'à avancer : l'amour de la gloire ne doit jamais conseiller ce que la sagesse défend. Qu'aurait pu faire l'armée anglo-française en s'engageant dans un pays ravagé, privé de communications, sillonné par de grands cours d'eau et infesté de maladies pestilentielles ? Ce n'est pas la victoire qu'elle serait allée chercher, mais la destruction sans lutte et la mort sans compensation.

» On a prétendu qu'après la retraite des Russes il aurait fallu agir sur le Danube et entrer en Bessarabie. Disons-le tout de suite : sans le concours de l'Autriche, il était interdit à notre armée, sous peine de la plus funeste catastrophe de s'avancer sur le Danube. N'oublions pas, en effet, ce point fondamental, que notre base d'opérations était la mer ; la perdre, c'était tout aventurer et tout compromettre. Ce n'est pas seulement la science militaire, c'est aussi le simple bon sens qui interdisait de s'engager avec 60,000 Anglo-Français et 60,000 Turcs dans un pays malsain, impraticable ; n'ayant à notre disposition ni moyens de transports suffisants, ni équipages de pont, ni cavalerie en nombre imposant, ni parc organisé, ni dépôts de vivres et de munitions à Choumla, à Varna, à Silistrie. Toutes ces ressources, indispensables quand on entre en campagne, ne s'improvisent pas en quelques jours, à huit cents lieues de la patrie : elles nous auraient manqué complétement. Nous nous serions trouvés en face d'une armée russe de 200,000 hommes qui nous eût attendu de pied ferme sur son terrain, ou qui, en fuyant devant nous, eût cherché à nous attirer dans une situation plus périlleuse encore, ne nous laissant d'autre alternative qu'une bataille inégale ou une retraite impossible. Une simple reconnaissance de deux jours dans la Dobrutscha, qui nous coûta plus que le combat le plus meurtrier, est une preuve de ce que nous avançons. Des généraux en chef qui, ne comprenant pas le danger d'une pareille entreprise, se seraient laissé entraîner à cette faute irréparable, auraient compromis, nous n'hésitons pas à le déclarer, la responsabilité du commandement.

» Pour qu'une campagne au-delà du Danube et sur le Pruth fût possible, il fallait donc, nous le répétons encore, la coopération active de l'Autriche. Or un gouvernement ne fait pas la guerre quand il le veut. A moins d'y être forcé par des circonstances suprêmes, il ne la fait que lorsqu'il le peut. L'Autriche n'était pas prête à ce moment. En rompant avec la Russie, elle voulait être sûre de l'Allemagne et avoir 500,000 hommes sous les armes. Sa dignité, son intérêt, l'exemple des puissances occidentales, l'excitaient à se prononcer et à agir ; sa prudence lui conseillait d'attendre et de former le faisceau de ses forces militaires et de ses alliances politiques avant de se mêler à la lutte,

» Mais que pouvaient faire les généraux réunis à

Varna après la retraite de l'armée russe ? Allaient-ils
rester dans une inaction qui aurait amené le découragement et dont le prestige de notre drapeau eût
évidemment souffert ? Ni l'honneur militaire ni l'intérêt politique ne permettaient aux généraux en chef
une pareille attitude. Une fois sur ce grand théâtre,
l'immobilité n'était plus possible ; il fallait agir, mon-
trer un but aux soldats, forcer l'ennemi à nous
craindre, et donner à l'Europe l'ambition de nous
suivre en lui offrant l'occasion de nous honorer et de
nous admirer.

» C'est alors seulement qu'il fut question d'opérer
un débarquement en Crimée.

» Une expédition sur Sébastopol pouvait hâter le
dénoûment de la guerre. Elle avait un but déterminé
et restreint ; elle pouvait mettre dans les mains des
alliés une province et une place forte, qui, une fois
conquises, devenaient un gage et un moyen d'échange
pour arriver à la paix. C'est sous l'influence de ces
considérations que les généraux en chef en conçurent
la pensée et en arrêtèrent l'exécution.

» Cette expédition ayant été examinée à Paris et à
Londres comme une éventualité, le maréchal Saint-
Arnaud reçut alors, non pas les instructions, — on
ne saurait en donner à de si longues distances, —
mais les conseils suivants :

« Se renseigner exactement sur les forces russes
» en Crimée ; si ces forces ne sont pas trop consi-
» dérables, débarquer dans un endroit qui puisse

» servir de base d'opérations. Le meilleur endroit
» paraît être Théodosie, aujourd'hui Kaffa ; quoique
» ce point de la côte ait l'inconvénient d'être à qua-
» rante lieues de Sébastopol, il offre cependant de
» grands avantages : d'abord sa baie étant très vaste
» et très sûre, il permet à tous les bâtiments de
» l'escadre d'y être à leur aise, ainsi qu'aux autres
» bâtiments qui viennent ravitailler l'armée. En se-
» cond lieu, un fois établi sur ce point, on peut en
» faire une véritable base d'opérations. En occu-
» pant ainsi l'extrémité Est de la Crimée, on refoule
» tous les renforts qui arrivent par la mer d'Azoff et
» par le Caucase. On s'avance vers le centre du pays,
» profitant de toutes ses ressources. On occupe
» Simphéropol, centre stratégique de la presqu'île ;
» on se dirige ensuite sur Sébastopol, et probable-
» ment sur cette route on livre une grande bataille.
» Si elle est perdue, on se retire en bon ordre sur
» Kaffa, et rien n'est compromis ; si elle est gagnée,
» on met le siége devant Sébastopol, qu'on investit
» complétement et dont on obtient nécessairement
» la reddition au bout d'un temps assez court. »

» Malheureusement, ces conseils ne furent pas
suivis. Soit que les généraux en chef n'eussent pas
assez de troupes pour faire ce long trajet en Crimée,
soit qu'ils attendissent un résultat plus prompt d'un
coup de main hardi et imprévu, ils résolurent,
comme on sait, de débarquer à quelques lieues seulement de Sébastopol. La glorieuse bataille de l'Alma

200

leur donna d'abord raison. Mais à peine vainqueurs, ils s'aperçurent bien vite que, n'ayant point de port, ils n'avaient pas de base d'opérations. Alors, poussés par cet instinct irrésistible de conservation qui ne trompe jamais, il se dirigèrent en toute hâte vers le sud de Sébastopol, où se trouve Balaclava. Il était clair, d'ailleurs, que l'armée ne pouvait se maintenir et subsister en pays ennemi qu'à la condition d'être en communication directe avec la flotte.

» Mais ce retour obligé et nécessaire vers la mer avait pour conséquence l'abandon des hauteurs nord-est de Sébastopol, dont l'occupation seule permettait d'investir la place. L'armée anglo-française n'était pas assez nombreuse, en effet, pour que cet investissement pût être complet. Il fallait donc se borner à attaquer la partie sud. Pour accomplir cette opération, les Anglais s'emparèrent du port de Balaclava ; les Français, cherchant un point d'appui sur la plage pour pouvoir débarquer leurs vivres et leurs munitions d'artillerie, trouvèrent providentiellement le port de Kamiesch ; les soldats, qui ne se trompent jamais, l'appellent en effet le *Port de la Providence.*

Sébastopol, on le sait, n'est point entouré de murailles terrassées. C'est plutôt un grand camp retranché contenant habituellement une armée de 15 à 20,000 hommes, déjà protégé, au moment de l'ouverture des travaux, par de nombreuses batteries en terre et surtout par la flotte russe, qui, bien postée dans l'arrière-port, avait vue sur toutes les avenues par lesquelles les alliés pouvaient se diriger sur la place.

» A cette époque, c'est-à-dire lorsque l'armée anglo-française arriva devant Sébastopol, on pouvait peut-être tenter l'assaut ; mais c'était déjà une entreprise chanceuse tant qu'on n'avait pas une artillerie suffisante pour faire taire l'artillerie ennemie. Sans doute rien n'était impossible à une armée anglo-française composée de généraux et de soldats comme ceux qui ont fait leurs preuves depuis huit mois dans les périls, les fatigues et les souffrances de ce long siége ; mais il n'y avait que le succès pour justifier un pareil coup d'audace. La responsabilité du commandement impose avant tout la prudence, et la prudence prescrivait aux généraux en chef de ne point donner l'assaut avec une armée de 50,000 hommes tout au plus, placés sur un roc, manquant d'artillerie, de munitions, de réserve, n'ayant pas ses derrières assurés, par des retranchements en cas d'échec, et n'ayant d'autre refuge que ses vaisseaux. C'eût été livrer au hasard la fortune et le sort de l'expédition, et on ne hasarde rien quand on est à 800 lieues de la mère patrie.

» Le coup de main que les généraux croyaient possible après la bataille de l'Alma leur échappant, il ne restait qu'à faire un siége selon les règles de l'art militaire. Dès le début de cette difficile entreprise les Russes prirent deux mesures excessivement

efficaces pour eux et regrettables pour nous : la pre
mière fut le mouvement stratégique du prince Men-
schikoff qui, au lieu de s'enfermer dans Sébastopol,
se dirigea vers Simphéropol, tint ensuite la campagne et conserva ses communications libres avec la
place assiégée ; la seconde fut la décision énergique
de couler bas une grande partie des vaisseaux de
guerre , ce qui permit à l'ennemi de rendre son port
inaccessible à nos flottes, d'acquérir pour la défense de
la place cinq à six cents canons devenus libres, ainsi
que leurs munitions, et d'employer leurs marins
comme canonniers au service des batteries. Aussi,
quoique la ville présentât déjà un aspect formidable
de bouches à feu, de nouvelles batteries s'élevèrent
comme par enchantement, et notre faible artillerie
de siége ne put pas éteindre le feu de la défense.

» Dès ce moment, il devint visible pour tous que
Sébastopol ne serait pris qu'après une longue lutte,
avec des renforts puissants, au prix peut-être de
plusieurs batailles meurtrières. Cette situation était
grave. Elle fut envisagée par les généraux en chef
avec le calme qui élève les caractères à la hauteur
des responsabilités les plus difficiles. C'est ici l'occasion de parler du général Canrobert et de lord
Raglan comme l'histoire en parlera. Leur rôle, sur
cette grande scène, a été digne des deux pays dont ils
portent l'épée. Placés en face d'obstacles immenses,
ils ne les ont mesurés que pour mieux en triompher
par le courage, la persévérance et le dévoûment.

L'armée, soutenue par leur exemple, a tout souffert
sans se plaindre ; exposée à toutes les rigueurs d'un
terrible hiver, n'ayant pour se préserver du froid,
de la neige, des pluies torrentielles, que des trous en
terre et de petites tentes-abri, elle n'a refusé aucun
sacrifice à l'honneur du drapeau et de la patrie, ni à
la confiance des chefs qu'elle avait appris à aimer et
à honorer sur le champ de bataille.....»

II.

PARTIE MILITAIRE.

« Pour bien faire apprécier les difficultés immenses
de l'entreprise que les généraux en chef avaient
conçue et exécutée, il ne sera pas inutile peut-être
d'expliquer à ceux qui l'ignorent, en quoi consiste
un siége proprement dit, et comment celui de Sébastopol se trouve placé en dehors de tous les principes dont la science immortalisée par Vauban est
l'admirable résumé. Sébastopol, ville très fortifiée du
côté de la mer, ne l'est point régulièrement du côté
du sud. L'enceinte est défendue par un fossé peu
profond, dont les terres ont été rejetées du côté de
la place pour y former un parapet. Sur le premier
plan se trouvent des abatis et des trous-de-loup ; et
les batteries, dont les feux se croisent en avant de ces
défenses, se succèdent en s'étageant en arrière vers
le centre de la ville.

» De plus, le port est sillonné par des vaisseaux de
guerre à vapeur, qui, formant autant de batteries

mobiles, viennent protéger et flanquer tous les ouvrages de la défense.

» Les opérations d'un siége avant l'assaut peuvent
se diviser en quatre phases principales : 1° l'investissement ; 2° l'ouverture de la tranchée ; 3° la cons-
truction des parallèles et des batteries, l'ouverture du
feu ; 4° le couronnement du chemin couvert, l'éta-
blissement des batteries de brèche et contre-batteries.

» 1° INVESTISSEMENT. — Ce qui veut dire entourer la place de tous côtés, afin que pendant le siége
elle ne puisse recevoir aucun renfort, en hommes, en
munitions et en vivres. D'après les règles générales,
on compte que l'armée assiégeante doit être cinq ou
six fois plus forte que l'armée assiégée.

» Devant Sébastopol, ainsi que nous l'avons dit,
l'investissement n'a pas encore pu avoir lieu, et
l'armée assiégeante est tout au plus le double de
l'armée assiégée. Nous ne comptons pas l'armée
d'observation, qui tient en échec l'armée de secours.

» 2° OUVERTURE DE LA TRANCHÉE. — Elle se fait
ordinairement de 300 à 600 mètres de la place ; la
tranchée consiste, comme on sait, dans un fossé
creusé en terre et dont le déblai est rejeté du côté de
la place. De cette façon, on forme un parapet qui
met les soldats à l'abri du feu de l'ennemi.

» A Sébastopol, les Russes employant les gros canons de leur marine, qui portent à des distances
énormes, on ne put ouvrir la tranchée qu'à 900
mètres. Au lieu de trouver un sol facile à creuser,

nos soldats rencontrèrent presque partout le roc, ce qui força de recourir aux pétards pour le faire sauter morceau par morceau, et d'employer presque partout des sacs à terre, qui, amoncelés les uns sur les autres, forment des parapets. On conçoit combien alors l'œuvre est longue, pénible et périlleuse.

3° OUVERTURE DU FEU. — Généralement, on chemine vers les parties plus saillantes, parce qu'elles sont les plus faibles, et les tranchées enveloppant de front les fortifications qu'on attaque, prennent la forme de plusieurs lignes semi-circulaires reliées entre elles par des zigzags. Ces lignes semi-circulaires sont appelées parallèles. Les batteries sont élevées en avant de ces lignes qui, embrassant le front d'attaque en forme de demi-cercle, donnent aux feux une direction convergente. L'assiégé n'a pas cet avantage ; cela se comprend aisément, car une ville assiégée peut être considérée comme le centre d'un cercle dont l'assiégeant occupe la circonférence.

» A Sébastopol, d'un côté, la nature du terrain, entrecoupé par des ravins rocailleux, et, de l'autre, le développement de l'enceinte, qui présente peu de saillants marqués, ont empêché en grande partie la disposition favorable que nous venons d'expliquer.

, 4° COURONNEMENT DU CHEMIN COUVERT. — Quand l'assiégeant est parvenu jusqu'au saillant du chemin couvert qui règne autour du fossé, il enveloppe cet ouvrage par des cheminements poussés le long de chaque branche, parallèlement à la crête du parapet. C'est ce qu'on appelle le couronnement du chemin couvert. On y construit la batterie de brèche, qui a pour but de faire tomber la muraille dans le fossé et de former une pente plus ou moins douce qui permette ainsi l'assaut. Généralement, quand on est arrivé à ce moment critique, presque tous les canons de l'ennemi ont été démontés, les affûts cassés, les munitions épuisées. Néanmoins, comme il reste parfois encore quelques canons dans les flancs des bastions du front d'attaque, on établit dans le couronnement du chemin couvert, ou sur la contrescarpe du fossé, une contre-batterie qui a pour but d'éteindre les derniers feux de l'ennemi. Ainsi donc, on peut dire, quand on tente l'assaut, que toute l'artillerie de la place a été détruite, et que la garnison, décimée par le feu de l'ennemi, épuisée par un travail excessif, affaiblie par la privation de nourriture, découragée par l'absence de toute nouvelle de l'intérieur, n'opposera plus une résistance sérieuse.

» A Sébastopol rien de semblable. Dès qu'une pièce est démontée, une nouvelle pièce la remplace. Dès que des hommes sont tués, d'autres les suppléent. Dès que la garnison est fatiguée, une autre lui succède. Les approvisionnements sont abondants et le tir en brèche ne peut avoir d'effets, puisque l'obstacle créé ordinairement par la muraille est remplacé par des palissades, des trous-de-loup, des abatis, et que, les épaulements étant en terre, le boulet y fait très peu de dégâts. En supposant une attaque régulière contre une place de premier ordre, et cette attaque dirigée contre deux demi-lunes et un bastion, le front de cette fortification n'embrasse qu'une étendue d'environ 300 mètres, et le développement des attaques en étendue est de 8,000 mètres environ.

» A Sébastopol, l'étendue du front d'attaque est de plus de 3,000 mètres, et celle des attaques a un développement de 41 kilomètres.

» Ajoutons encore que pour garder cette immense étendue de tranchées, l'armée a dû fournir près de 10,000 hommes de garde jour et nuit depuis huit mois, et cela pendant un hiver rigoureux, au milieu de la neige et de la pluie, et on se fera une faible idée des fatigues de nos soldats, et des difficultés du siége.

» Il n'y a pas dans l'histoire des Etats modernes l'exemple d'une entreprise plus difficile, plus glorieuse, et qui, par la grandeur même des obstacles qu'elle présente, soit plus en rapport avec l'importance de son but et celle des Etats qui s'y trouvent engagés. Le siége de Sébastopol n'a guère d'analogie avec aucun autre dans nos fastes militaires. Attaquer une place qui n'est pas investie, quand l'ennemi, supérieur en nombre, peut se ravitailler en hommes, en vivres et en munitions, et quand il tient la campagne, est un acte d'audace qui ne pouvait être tenté sérieusement que par l'Angleterre et la France, unies pour une fin nécessaire à l'Europe.

« On a beaucoup cité et admiré le siége de Dantzig, comme un de ceux où l'héroïsme uni à la science avait triomphé des difficultés les plus considérables d'une défense opiniâtre et formidable. Dantzig, protégé par la Vistule, dont l'embouchure sur la Baltique est fermée par le fort de Veichselmunde, se trouvait également dans des conditions peu favorables à un investissement complet ; mais il était possible, cependant, de prendre position sur le fleuve, entre le fort qui fermait son embouchure et la ville, d'intercepter ainsi les communications avec la mer et d'investir la place. C'est ce qui eut lieu sous le commandement du maréchal Lefebvre. Eh bien, cependant, quoique cette place fût enfermée dans nos lignes d'attaque, malgré le voisinage de l'empereur Napoléon, qui couvrait le siége à la tête d'une armée nombreuse, et paralysait les secours de la Prusse et de la Russie, Dantzig avait résisté à cinquante-et-un jours de tranchée ouverte. Plus tard, après la retraite de Moscou, cette ville, occupée par les Français, ne capitula qu'après une défense d'une année et une attaque combinée par terre et par mer.

» Nous pourrions multiplier les exemples, mais il suffira de ceux-ci pour prouver que l'armée anglo-française a fait en Crimée tout ce qu'on devait attendre de son courage et de l'habileté de ses chefs.

Elle n'a pas seulement fait preuve de constance et de fermeté au milieu des souffrances et des périls : en ajoutant la gloire d'Inkermann à celle de la bataille de l'Alma, elle a rehaussé encore l'honneur de nos armes. Nous devons espérer que le but de ses nobles efforts sera atteint ; mais l'opinion unanime dira dès à présent et l'histoire répétera un jour quelle a mérité la reconnaissance et l'admiration du monde. »

Les deux batailles livrées sous les murs de Sébastopol ont appris — si l'on avait pu l'oublier — ce que peuvent nos soldats conduits par de braves et habiles généraux. — Les journées de l'*Alma* et d'*Inkerman,* augmentent de deux pages magnifiques nos annales militaires, et sont placées par nos hommes de guerre à la hauteur des actions les plus meurtrières et les plus célèbres de l'Empire. — Le maréchal Saint-Arnaud, les généraux Bosquet et Canrobert, S. A. I. le prince Napoléon, se sont bravement conduits, et l'histoire impartiale placera leurs noms à côté de ceux des plus vaillants généraux. Le maréchal Saint-Arnaud, dans son rapport du 21 septembre 1854, admirable de simplicité et de modestie, reporte sur ces trois officiers supérieurs tout l'honneur du triomphe. Ce rapport est une réponse péremptoire à des bruits malveillants, sur des faits que nous ne relèverons pas.

La mort de l'empereur Nicolas survenue inopi-
nément, le 2 mars 1855, laissa croire un instant aux
amis de la paix que les hostilités allaient cesser, et
qu'Alexandre II montrerait moins d'obstination que
son père. Mais ces espérances ne se sont pas réa-
lisées ; l'armement et la défense de Sébastopol ont
été poussés avec une vigueur et un luxe de munitions
de guerre, qui trahissent une résolution ferme et
désespérée. Des redoutes formidables hérissées de
canons, une garnison brave et sans cesse accrue
de nouveaux renforts, la position particulière de la
place protégée par de hautes montagnes et du côté
de la mer par les navires que les Russes ont coulé
bas, afin d'interdire l'accès de la rade aux escadres
anglaise et française, tout semble en faire un point
inexpugnable.

Et cependant les armées alliées ont travaillé sans
relâche, avec un courage et une persévérance inouïs
aux travaux du siége. Sous le feu presque incessant
de l'ennemi, et malgré les extrêmes rigueurs d'un
hiver âpre et long, depuis le mois de septembre
jusqu'à ce jour nos troupes ont établi des tranchées
et des parallèles, avançant chaque jour de quelques
mètres, bombardant la ville, repoussant les charges
des Russes — leurs sorties nocturnes, — livrant
presque chaque jour de véritables batailles, perdant
des hommes, en tuant un plus grand nombre encore,
et au milieu de ces *qui vive* continuels, de ces luttes
terribles, au milieu des morts et des mourants, con-

servant une gaité naturelle, une abnégation et un enthousiasme qui font de chaque homme un héros!

Qui croirait qu'en face de l'ennemi, à la portée de sa mitraille, il soit venu à l'esprit des soldats de songer à se divertir? à jouer la comédie? Quitter la tranchée, puis revêtir des habits de femme ou de père noble, et venir chanter des couplets de circonstances devant un parterre qui a la cartouchière garnie, la carabine au poing, et en manière d'orchestre le bruit des clairons, des obus et de la canonnade; c'est une chose que des Français seuls pouvaient concevoir et mettre à exécution.

Voici comment ce fait est raconté par un témoin oculaire :

« Le 15 mai, le 2e régiment de zouaves, ce superbe régiment qui s'est couvert de gloire à Lagouaht, à l'Alma, à Inkermann, et que le maréchal de Saint-Arnaud a appelé : *Les premiers soldats du monde*. Le 2e zouaves, dis-je, donnait une soirée théâtrale à laquelle il avait convié ses camarades sur les hauteurs d'Inkerman.

» Quand je suis arrivé, la représentation était commencée. La salle, je veux dire l'enceinte était comble; on riait comme on rit au théâtre du Palais-Royal, quand tout à coup on vient avertir que le 95e prend les armes. Les officiers et les soldats de ce régiment quittent précipitamment leurs places pour aller je ne sais où. Une heure après, c'est le tour du 61e, et le voilà en route. Vous croyez peut-

être qu'on a senti quelque émotion à cette prise
d'armes ; détrompez-vous : c'est à peine si l'on y a
fait attention.

» La représentation était donnée au bénéfice des
prisonniers français à Sébastopol. La recette a été
très bonne, et la belle cantinière qui tenait la caisse
le témoignait par un très gracieux sourire. Le
théâtre n'est ni plus ni moins qu'une baraque, mais
une baraque fort bien décorée. A la partie droite de
la façade on a dessiné une femme peu vêtue, la tête
basse, le visage triste, l'air suppliant, s'appuyant
légèrement sur un gabion au pied duquel on voit
un gros boulet; de l'autre côté on voit une autre
femme qui porte la tête haute, l'air fier et martial,
montrant du doigt une colonne entourée de laurier
sur laquelle on lit : *Alma, Inkermann.*

» Le rideau représente un aigle impérial tenant
dans ses serres les drapeaux de la France et de
l'Angleterre, et reposant sur un immense globe.

» Le spectacle consistait en trois vaudevilles en-
tremêlés de chansonnettes. Ce qui avait aussi contribué à attirer du monde, c'était l'appât de la
première représentation d'un vaudeville en un acte,
intitulé : *Le retour de Crimée.* Cette pièce, due à
deux amateurs, d'après l'affiche, n'est pas un chef-
d'œuvre, mais elle a parfaitement réussi.

» Les principaux personnages sont deux sergents,
l'un anglais et l'autre français, qui, couverts de gloire
et de blessures, rentrent dans leurs foyers, et boivent

bon nombre de bouteilles à la santé de l'Empereur et de la Reine. Le rôle du sergent anglais est supérieurement joué ; les autres personnages sont aussi très bien représentés, hors toutefois les rôles de femmes qui sont un peu faibles.

» Les représentations continuent, dit en terminant le correspondant. La foule y est si grande qu'on fait queue, tout comme aux Français quand Rachel joue ses plus beaux rôles. »

Hommes de fer dans les souffrances et les privations, insouciants et joyeux dans le calme, âmes de héros dans l'action, chrétiens pieux et résignés quand ils vont paraître devant Dieu, les Français sont les mêmes partout, nous les retrouvons sous les murs de Sébastopol comme nous les avons vus dans les divers siéges que nous venons de décrire.

Qui ne serait ému et qui ne sentirait battre son cœur d'un légitime orgueil en lisant le récit des faits qui, depuis le commencement de cette mémorable campagne d'orient, ont immortalisé les nobles défenseurs de l'honneur national !

Il faudrait citer tous ces combats partiels, pour donner une idée de l'indomptable énergie des troupes alliées, et, il faut le dire aussi pour être juste, de la bravoure des ennemis — cela nous entraînerait trop loin.

Nous occupons maintenant toute la ligne de la Tchernaïa ; plusieurs forts et lignes d'embuscade sont tombés au pouvoir des Français. Quelques efforts que l'ennemi ait pu faire notamment les 1er et 2 mai 1855 pour reprendre les ouvrages conquis, ces efforts n'ont pu aboutir. Nous sommes restés maîtres d'une position qui forme aujourd'hui une vaste place d'armes, dont les parapets sont à l'épreuve du canon. Les pertes que nous y éprouvons sont beaucoup moins sensibles.

Nous avons à déplorer la mort d'une foule de braves gens, d'officiers instruits et du plus brillant avenir, moissonnés les uns par le choléra, les autres par le feu des Russes. Parmi les morts, dont la perte est vivement sentie, nous citerons le général duc d'Elchingen, les généraux de Lourmel et Bizot, qui emportent les regrets de toute l'armée.

Les assiégés de leur côté ont eu à subir des souffrances affreuses, des pertes immenses tant par nos armes et les privations que par les maladies.

Nous avons en ce moment en Crimée près de 200,000 hommes qui attendent l'instant décisif avec une vive impatience.

Quinze mille hommes de troupes sardes bien disciplinées, pleines de courage, et commandées par le brave général de La Marmora nous secondent.

Le général Pélissier, qui vient de succéder dans le commandement en chef de l'armée, au général Canrobert, démissionnaire, resté volontairement et à son honneur, simple commandant de la division qu'il avait sous ses ordres à l'Alma, le général Pelissier, disons-nous, paraît bien résolu (1) à mener à prompte et bonne fin la mission périlleuse dont l'empereur Napoléon l'a chargé, d'après des indications spéciales, et sur un plan arrêté, dit-on, entre Sa Majesté elle-même et le maréchal Vaillant, ministre de la guerre.

Déjà, en trois jours, notre valeureuse armée a chassé les Russes des ouvrages formidables qu'ils occupaient auprès du bastion Central.

Elle a occupé les rives de la Tchernaïa et rejeté l'ennemi vers la montagne.

Elle s'est emparée de Kertch et d'Ienikalé, et a assuré à notre pavillon la possession complète de la mer d'Azoff.

Près de six mille Russes ont succombé dans la dernière lutte autour de Sébastopol.

A Kertch et à Ienikalé les défenseurs de la place en ont fait sauter les magasins et les batteries et incendié les bateaux à vapeur. Nous avons capturé un grand nombre de navires marchands et plusieurs vaisseaux russes de 50 canons.

La ligne de la Tchernaïa nous fait faire un pas

(1) On cite une lettre qu'il aurait adressée à l'Empereur, remarquable par sa concision et une vigueur toute romaine :
« Sire, aurait-il écrit lorsqu'il était sous les murs de Sébastopol, les soldats manquent d'air, les chevaux manquent d'herbe ; on n'en trouve pas dans les cimetières ; nous partons pour en chercher. »
Avec un général aussi entreprenant on peut tout espérer.

immense vers l'investissement de Sébastopol. L'armée russe se trouve rejetée à une distance beaucoup plus grande de la ville assiégée ; elle est obligée de rester sur la défensive, pendant que nos opérations offensives, si brillamment commencées, vont la harceler sans relâche et la contraindre peut-être à une grande et décisive bataille.

L'occupation de Kertch et d'Ienikalé, en mettant en notre pouvoir la mer d'Azoff, prive désormais les Russes de leurs principaux centres de ravitaillement.

Nous possédons maintenant sur le territoire russe Eupatoria, Kamiesch, Balaclava, trois positions fortifiées par la nature et par l'art de façon à constituer trois Gibraltars inexpugnables. Nous voici établis à Kertch et à Ienikalé, deux places qui seront bientôt mises en état de défense et pourront défier les attaques des Russes, si plutôt nous ne sommes maîtres de Sébastopol.

Les troupes sont dans d'excellentes dispositions pour tenter l'assaut, comme l'armée, la France, et l'Europe entière, attendent impatiemment le coup décisif qui doit amener une paix glorieuse et stable, placer haut dans l'estime de l'univers les noms des alliés, et détruire à tout jamais les illusions des czars qui rêveraient encore la possession de Byzance pour arriver, par là, à l'empire du monde !

FIN.

TABLE DES MATIÈRES

FIN.

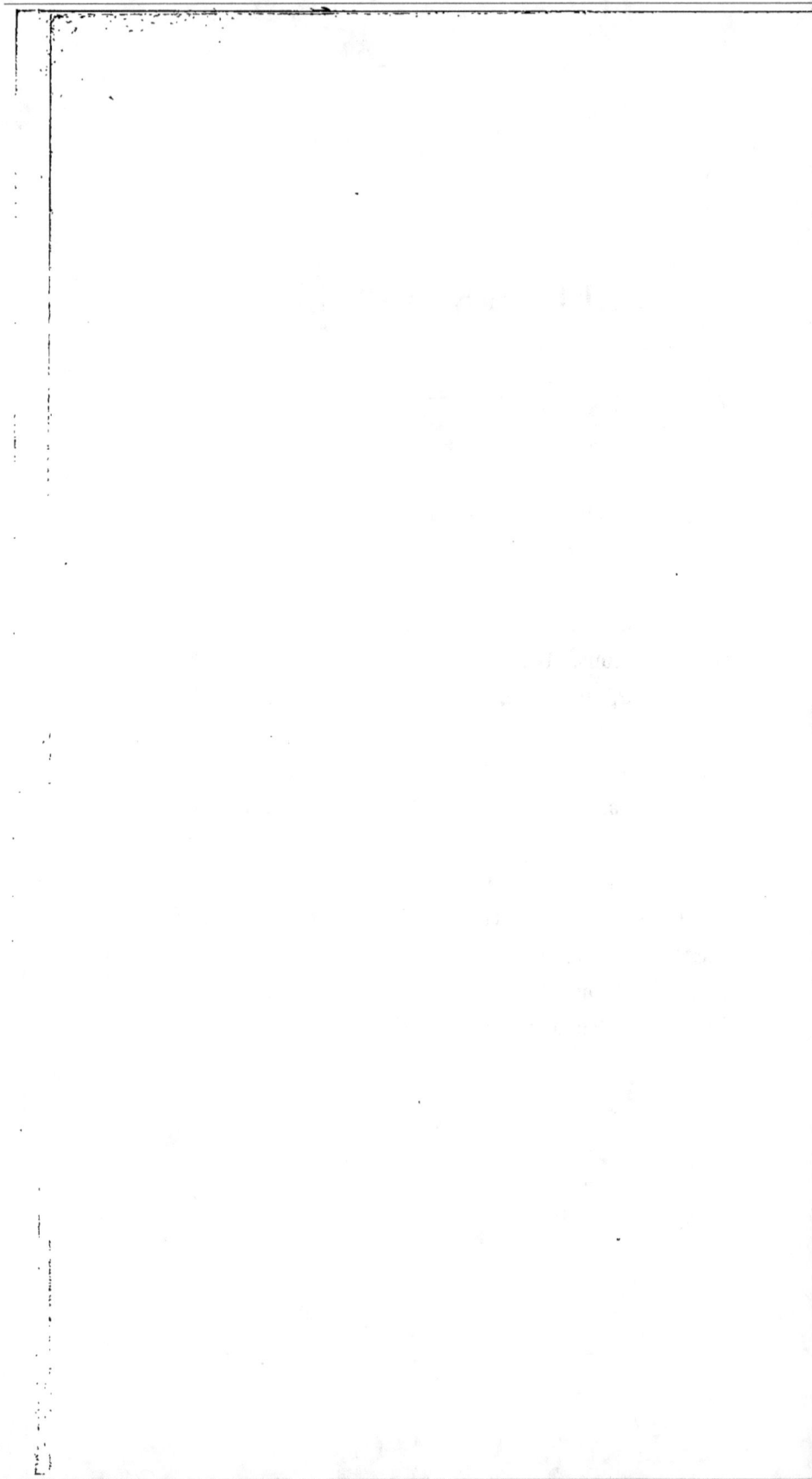

www.ingramcontent.com/pod-product-compliance
Lightning Source LLC
Chambersburg PA
CBHW061014280326
41935CB00009B/968

* 9 7 8 2 0 1 4 5 0 7 0 5 8 *